AF453523

OROONDATE,

OV

LES AMANS DISCRETS

A PARIS,

Chez Anthoine de Sommaville, Augustin Courbé, Toussainct Quinet, & Nicolas de Sercy.

Au Palais

M. DC. XXXXV.

AVEC PRIVILEGE DV ROY.

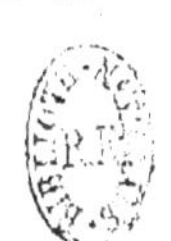

LES ACTEVRS.

OROONDATE.   Prince de Maroc.

OTHIAMIS.   fon Fauory.

DEVX OFFICIERS.   de l'Armée de Bajazet.

ALCIANE.   Princeffe des Ifles fortunées.

CLEONE.   Sa fuiuante.

BAIAZET.   Frere d'Oroondate.

PALLANTE.   Confidente d'Oroondate.

CLITIE.   Sœur d'Alciane.

DIANE.   Suiuante de Clitie.

LES
AMANS
DISCRETS.
TRAGI-COMEDIE.

ACTE I.
SCENE PREMIERE.

OROONDATE, Prince de Maroc. THIA-
MIS son fauory, 2. OFFICIERS de
l'armée de Bajazet.

OROONDATE.

C'Est trop perdre de tẽps en discours superflus,
Poursuiuez la victoire, & ne retardez
plus,
Dites à Bajazet qu'il doit tout entreprendre,

A

Pour déliurer nos ports de courses de Menandre
Que c'est ne vaincre point que de vaincre à demy,
Et qu'il faut acheuer vn puissant ennemy.

    Sur tout remontrés luy que dans cette querelle,
Il ne peut pratiquer sa bonté naturelle,
Que l'interest d'autruy doit faire agir son bras,
Et qu'il sera cruel s'il ne le paroist pas :
Enfin pour dire plus, faites de nos frontieres
Le Tombeau de Menandre, ou bien vos cimetie-
res.

SCENE II.

LES 2. CHEFS s'estant retirés.

OROONDATE, poursuit parlant à THIAMIS.

SCache mon cher amy que par tous ces combats
Ie n'ay pas entrepris d'augmenter mes Estats,
Ie doute mesme encor si dedans cette guerre
I'ay pensé quelquefois à sauuer cette terre.

    Vous le sçauez Amour, & vous m'estes tesmoin,
Que ma chere Princesse est mon vnique soin,
Indiscret que dis-tu? cache cette pensee,
Peut-estre qu'Alciane en seroit offensée.

THIAMIS.

Peut-elle s'offencer de voſtre affection?

OROONDATE.

Ie dois m'en faire aymer par ma diſcretion ;
Et c'eſt toy ſeulement qui vois dedans mon ame,
A trauers mes diſcours la clarté de ma flame,
Oüy ce n'eſt qu'à-toy que i ay dit ce ſecret,
Tu peux iuger par là, ſi ie te croy diſcret.

THIAMIS.

Vous me comblés d'honneur par cette confidence ;
Mais quel eſt le ſubjet de voſtre deffiance,
Alciane vous ayme.

OROONDATE.

*   Helas! que me dis-tu?*
Pour flater mon amour tu bleſſes ſa vertu,
Ie ne puis eſcouter vn diſcours qui l'outrage :

THIAMIS.

Mais quoy?

OROONDATE.

*   Ie te deffends d'en parler dauantage,*
Thiamis ſois diſcret, mais par quelle action
T'a't elle fait iuger de ſon affection ?

Ne m'as tu point parlé sans aucune aparence?
Respons moy, mais au moins ne dy rien qui l'offence.

THIAMIS.

Ne parlés que de vous dedans tous ces discours,
Vous voir auec plaisir, & vous loüer tousiours,
N'est-ce pas tesmoigner qu'vne secrette flame
Commence d'eschauffer les froideurs de son ame?

OROONDATE.

Ah, que tu iuge mal de sa ciuilité!
C'en est vn témoignage ou bien de sa bonté,
Que ie doy receuoir auecque reuerence,
Et non pas en tirer vne iniuste esperance:
Ie sçay bien que plusieurs dans vn pareil bon-heur
Croiroient auec l'oreille auoir gaigné le cœur,
Qu'auiourd'huy cette erreur a passé pour maxime,
Qu'on confond aysement l'amour auec l'estime,
Et qu'vne honneste femme auec des complimens,
Engage innocemment de credulles Amans,
Qui tirent quelquefois par excés d'iniustice
De son honnesteté les soupçons de son vice:
Mais ie n'approuue point cette legereté,
Qui ioint l'ingratitude à la temerité;
Qui rompt la liberté du commerce des ames,
Et tache le renom des plus honnestes femmes;

Ainsi ie ne croy pas que pour eſtre eſtimé
Vn honneſte homme ait droict de s'eſtimer aymé,
L'eſtime eſt vn tribut qu'on rend ſans que l'on ayme,
Et l'amour ne ſe doit ſinon à l'amour meſme.

THIAMIS.

Vous aymez Alcianne, & voſtre affection
Vous doit faire eſperer ſon inclination,
S'il eſt vray que l'amour à ſoy-meſme ſe donne.

OROONDATE.

Quoy que tous mes projets regardent ſa perſonne,
Cognoiſſant ce que peut ſur vn cœur genereux,
L'honneur de ſecourir vn Prince mal-heureux,
Quand ie combats pour elle, elle a raiſon de croire
Que ie n'ay d'autre but que celuy de ma gloire ;
Ce ſentiment auſſi l'oblige chaque iour
De reſpondre à l'eſtime, & non pas à l'amour.

THIAMIS.

Eſtant voſtre obligée, & ſous voſtre puiſſance,
Qui peut vous obliger à cette complaiſance ;
Depuis que vous auez deliuré ſes Eſtats
Des puiſſans ennemis qu'elle auoit ſur les bras,
Que vos ſages conſeils, & vos exploits de guerre
Vous font regner icy comme dans voſtre terre,

Pouuez-vous côceuoir quelqu'obstacle à vos vœux?

OROONDATE.

Thiamis, souuiens-toy que ie suis amoureux,
Ne me regarde point dans ce degré de gloire,
Où m'a placé le sort, la guerre & la victoire;
Ie ne me flatte plus du tiltre de vainqueur,
Et ma gloire consiste à n'auoir point de cœur:
L'amour qui me combat plein de feux & de char-
    mes,
Se confesse vaincu quand on luy rend les armes.
C'est de cette façon que ie doy l'assaillir,
Qui l'attaque autrement ne sçauroit que faillir;
Ie sçay que mes pareils peuuent tout entreprendre,
Qu'il n'est point de succez qu'ils ne doiuent attédre,
Et que dans leur amour la qualité de Roy,
Les dispense des soins que tu blasmes en moy.
    Mais sçache que ie veux faire vn exemple au-
        guste
D'vn amant raisonnable, & d'vn conquerant iuste,
D'vn Monarque discret dans ses affections,
Et d'vn Prince qui sçait dompter ses passions.
    Quãd les Dieux ont aimé les beautez de la terre,
Ils n'y sont point venus auecque le tonnerre;
Et quoy qu'il ait pensé que tout leur fût permis,
Aussi-tost qu'amoureux ils ont paru soufmis:

Ie veux l'estre en effet aux yeux de ma Princesse,
Ie luy doy ce respect, puis qu'elle est ma maistresse,
Et ie veux la donner à mon humilité
Plutost qu'à ma puissance, & qu'à ma qualité.

THIAMIS.

Pourquoy dās vos discours luy cacher vostre flame,
Voulez-vous l'obliger à lire dans vostre ame?

OROONDATE.

Crois-tu que mon amour se puisse dispenser
A luy faire vn discours qui pourroit l'offenser?
Si i'osois en parler elle auroit droit de craindre,
Sçachant que ie le puis, que ie la veux contraindre;
Et tu sçais que son pere au poinct de son trespas
Me fit promettre aux Dieux de ne le souffrir pas;
Soustenez, me dit-il, vn grand nombre d'annees
Le Trône glorieux des Isles Fortunees,
Auecques mes enfans partagez mon Estat
Que vous auez remis dans son premier éclat.
    Faites pour Alciane vn effort de courage,
Ne la contraignez point dedans son mariage,
Mesme quand sa beauté vous toucheroit le cœur,
Relâchez en ce poinct du pouuoir de vainqueur,
Et ne permettez pas que par la violence
Elle perde les droits d'vne illustre naissance.

Il parle, & sans penser que ie fusse amoureux,
D'abord par des sermens ie confirmay ses vœux:
Voila le fondement de cette loy seuere,
Qui me ferme la bouche, & m'oblige à me taire;
Qui fait que ie ne puis expliquer mes soûpirs,
Et qui me défend tout excepté les desirs.

THIAMIS.

Mais puis que vous auez un dessein ligitime,
Ie croy que vous pouuez le découurir sans crime,
Et faire vos efforts pour en venir à bout,
Dans ces occasions l'amour excuse tout;
Outre que le serment qui suit vostre promesse
Est fait pour la contrainte, & non pas pour l'adresse;
Ce proceder n'a rien qui la puisse offencer,
Vous pouuez la gagner, sans pourtant la forcer.

OROONDATE.

Tu ne connois donc pas les droits du Diadéme,
Et comme on doit agir dans un pouuoir supréme:
Si ie luy fay sçauoir quelle est ma volonté,
N'est-ce pas attenter dessus sa liberté?
Et sçachant le pouuoir que i'ay dans cét Empire,
Peut-elle s'opposer à ce que ie desire?
Elle n'ignore pas qu'un injuste dédain
Permet tout à celuy qui tient la force en main,

Et

Et que me découurant il importe à ma gloire
De ioindre à mes trauaux cette illustre victoire,
Que mon pouuoir limite à tel poinct mon pouuoir,
Que si ie la demande il me la faut auoir.

THIAMIS.

Estes-vous obligé de voir dans sa pensee?
Suffit qu'il vous paroist qu'elle n'est pas forcee,
Et que vous obtenez l'effet de vos desirs.

OROONDATE.

Ie ne veux de l'amour que les parfaits plaisirs,
I'estime seulement les douceurs infinies
Que l'amitié dispense à deux ames vnies;
Mon cœur n'est point touché de cét autre desir,
Dont la possession étouffe le plaisir,
Et i'aime mieux brûler dans d'inutiles flâmes,
Que de ioindre nos corps sans assembler nos ames.

THIAMIS.

Que ferez-vous enfin dans vostre affection?

OROONDATE.

Ie cacheray les feux par ma discretion:
Mais ie luy monstreray par mon obeïssance
Qu'à ces commandemens ie soufmets ma puissance,

Que mon plus grand bon-heur consiste à la seruir,
C'est de cette façon que ie puis la rauir.
Sans fausser mon serment, & sans choquer ma flâ-
    me,
Ie ne découuriray ce que ie sens dans l'ame,
Que quand ie connoistray qu'elle voudra les voir.

THIAMIS.

Mais de quelle façon pourrez-vous le sçauoir?
Si vous viuez toûjours dans cette défiance,
Qui dans vos iugemens n'admet pas l'apparence.

OROONDATE.

Ie croiray qu'elle m'aime alors qu'aparamment
Elle deura m'aimer en qualité d'amant,
Et lors que par les soins de mon amour extréme
I'auray pû l'obliger à croire que ie l'aime.

THIAMIS.

Ce chemin est bien long :

OROONDATE.

             Mais il est asseuré,
Toutefois ce discours a déja trop duré ;
Il faut voir Alciane, & luy rendre vn peu conte
Du combat qui remplit son ennemy de honte.

Ce que mon frere a fait en cette occasion
Fournit vn beau pretexte à ma discretion.

THIAMIS.

La Reine entre au jardin.

OROONDATE.

Faut-il que ie la voye ?
Non, mon feu paroistra aux transports de ma ioye ;
Remettons-nous vn peu plutost que nous monstrer,
Et d'vn autre costé nous l'irons rencontrer.

SCENE III.

ALCIANE Princesse des Isles Fortunées. CLEONE
sa suiuante.   CLEONE.

MAis, Madame, pourquoy chercher la so-
litude?

ALCIANE.

Sçay tu pas les sujets de mon inquietude ?
Ignores tu l'estat ou mes affaires sont ,
Et qu'au lieu du bandeau destiné pour mon front
I'ay receu de mon pere vne chaine en partage ,
Qu'Oroondate enfin soigne en mon heritage :

Et qu'encor tous les iours par de noueaux combats
Il augmente le droit qu'il a sur mes Estats.
  Sçay tu point que Menandre attaque nos fron-
    tieres,
Qu'il a fait reuolter des Prouinces entieres,
Et qu'il veut me forcer à receuoir sa loy
En qualité d'espoux, de vainqueur ou de Roy?
  Que de quelque costé que tourne la victoire
On verra le vainqueur triompher de ma gloire,
Et mon Sceptre passer dans d'estrangeres mains,
Reuay-ie sans sujet, est-ce en vain que ie crains?

CLEONE.

Si l'amour contre vous a fait armer Menandre,
S'il rend l'Oroondate ardant à vous deffendre,
Comme on a peu iuger par tout ce qu'il a fait,
Pourquoy de leurs debats craindre vn mauuais
    effet,
Puis qu'en quelque façon que le Ciel en ordonne
Il vous donne vn Amant, & vous rend la Couron-
    ne?

ALCIANE.

Il me donne vn Amant, Cleone que dis-tu?
Cet iniuste discours s'attaque à ma vertu,
Quoy puis-ie imarginer vn dessein legitime
Das l'esprit orgueilleux d'vn Prince qui m'opprime.

Croiray-ie que Menandre ait deffain fur mon cœur,
Luy qui traicte les miens auec tant de rigueur,
Qui vient la main armée affliger cette terre,
De tous les maux que traine vne cruelle guerre,
S'il m'ayme pour le moins c'eft mal le témoigner,
Menandre veut me vaincre, & nõ pas me gaigner.
Oroondate : Ah dieux! où font nos gens Cleone ?

CLEONE.

Madame ils font bien loing.

ALCIANE.

Ne voyez-vous perfonne ?

CLEONE.

Non, Madame

ALCIANE.

Efcoutez, mais à condition
De fignaler icy voftre difcretion,
Croit-on qu'Oroondate ait deffain de me plaire?

CLEONE.

C'eft efclairciffement vous eft-il neceffaire,
Pouuez-vous ignorer ce que nous fçauions tous?
N'auez-vous pas cogneu l'amour qu'il a pour vous

B iij

Par ses humilités & par ses complaisances?
ALCIANE.
Mais toy-mesme crois-tu ces foibles apparances,
Et ne iuges-tu pas en voyant mes ennuis
Qu'il doit cette douceur au malheur où ie suis?
   Oroondate a l'ame & grande & genereuse
En vn mot il est Prince, & ie suis malheureuse,
Et ses submissions me tesmoignent son cœur,
Et sa ciuilité plustost que son ardeur:
Ne me flatte donc plus d'vne fausse esperance.
CLEONE.
Que vous le traictés mal par vostre deffiance.
Ah Madame, croyez que ces extrémes soins
Sont de sa passion de fidelles tesmoins,
Que le bien de vous plaire est le seul qu'il desire,
Que ce n'est pas pour vous qu'il conserue l'Empire,
Et que les mouuemens de son affection,
Ne le cederont pas à son ambition.
   Malgré les sentimens que la gloire luy donne,
Vous le voyez rester prés de vostre personne
Cependant que son frere auecque ses guerriers
Dedans les champs de Mars moissonne des Lau-
   riers,
Et vous doutez encor s'il est vray qu'il vous ayme.
ALCIANE.
Cleone il tient en main la puissance supréme,

Il n'a que des deſſains difficilles & grands,
Les biens qu'il peut auoir luy ſont indifferents;
Pour ſon ambition ie ſuis trop peu de choſe,
Et la fatalité qui des trônes diſpoſe,
Afin que nos deſtins ne ſe rencontrent pas
Luy donne vn Diademe, & m'oſte mes Eſtats.

SCENE IV.

OROONDATE, THIAMIS entrent.

CLEONE.

L*E voicy*

OROONDATE.
Dieu ie tremble,

ALCIANE.

Eſt-ce luy?

OROONDATE.

Quoy timide,
Tu crains de l'aborder & l'amour eſt ton guide,
Va ne conſulte plus; Madame c'en eſt fait,
La victoire eſt à tous ſe grand Prince eſt deffait;

Ce discours vous surprend, mesprisez-vous la gloire
Que vous auez aquis dedans cette victoire,
Ou plaignez vous Menandre apres que ses soldats
Partant de coups mortels ont blessé vos Estats?

ALCIANE.

Quoy Menandre est vaincu,

OROONDATE.

        Deux de nos Capitaines
Viennent de m'en porter de nouuelles certaines:
Toute son auangarde alaschement plié,
Et sans vn petit corps qu'Arbas a rallié,
A la faueur duquel le reste a fait retraicte
Nous pourrions faire estat d'vne entiere deffaite:
L'ennemy cependant en morts ou prisonniers
Trouue à dire trois mille ou plus de ses guerriers:
Nostre perte est petite & la main de la parque
Semble auoir respecté tous nos hommes de marque.
Bajazet seulement

ALCIANE,

        Que dites vous helas!

OROONDATE.

D'vn de ses Escuyers regrete le trespas.
                   ALCIANE.

ALCIANE.

Ie respire à present, mais faut que sa personne

OROONDATE.

A l'abry du laurier qui sa teste enuironne,
Il poursuit l'ennemy iusques dans ses vaisseaux.

ALCIANE.

Dieux que ie crains pour luy s'il se met sur les eaux
Dans de pareils cōbats le vainqueur est à plaindre
Où le champ de victoire est quelquefois à craindre,
Où souuent les debris des vaisseaux ennemis,
Acable & coule à fonds qui les auoit soubmis.

OROONDATE.

Madame trop d'honneur suiuroit sa destinée
S'il mouroit glorieux dedans cette iournée,
Puis qu'il combat pour vous.
                ALCIANE.
                        Ah de grace, Seigneur,
Ne nous figurons point cet extreme mal-heur:
La reuolte des miens en faueur de Menandre
La perte du pays que vous vintes deffendre,
Tout ce que contre moy peut ordonner le sort
Ne me toucheroit point au prix de cette mort.

OROONDATE.

Dieux! elle ayme me frere!

ALCIANE.

Ah! qu'est ce qu'il me cacke,
Le Prince est-il blessé, Seigneur que ie le sçache,
Vous ne me dites rien, vous estes interdit.

OROONDATE.

Madame, il est certain qu'on ne m'en a rien dit,
Mais ie reste confus de vostre soin extréme.

ALCIANE.

Sçachant comme il m'oblige, & comme quoy ie l'ai-
me
Peut-on moins esperer de mon ressentiment?

OROONDATE.

Ah Madame! c'est trop

SCENE V.

VN SOLDAT.

IOignons-le promptement,
Seigneur,

OROONDATE.

Qu'est-ce?

LE SOLDAT.

Accourez, l'on a veu du riuage
La flotte de Menandre assez prés de la plage
Qui vient faire descente, & porter sur le bord,
A ce qu'on peut iuger, & la guerre, & la mort,
Tout tremble à son aspect, mesme on craint dans la
Qu'il sera secouru d'vne émeute ciuile :   [ville
C'est à vous maintenant d'empécher ce mal-heur,
Et par vostre conduite, & par vostre valeur.

OROONDATE.

Si l'on ne m'a trompé, c'est vne fausse alarme,
Mais il est bon pourtant que tout le monde s'arme.

C ij

ALCIANE.

Ie verray cependant mes perfides ſubjets,
Pour tâcher d'arreſter leurs funeſtes projets.

OROONDATE.

A moy, tous mes ſoldats, volons ſur le riuage.

ALCIANE.

Allez, mais pour le moins reglez voſtre courage,
Sçachez en vous perdât que vous nous perdez tous,
Et ſauuez du naufrage & voſtre frere & vous.

Fin du premier Acte.

ACTE II.

SCENE PREMIERE.

OROONDATE, THIAMIS.

Ostre sort a vaincu le destin de Menadre,
Ce Prince ambitieux n'est plus qu'vn
    peu de cendre :
Ces vaisseaux qu'on a veu s'approcher de nos bords,
Conduits par Bajazet nous portent ces tresors,
Et sa flote captiue abordant cette terre,
Contre ses premiers vœux en éloigne la guerre.
    Mais Thiamis enfin ce grand éuenement
Contente bien vn Roy, mais non pas vn amant;
Te diray-je encor plus? ce succez m'épouuante:
La gloire de mon frere en est trop éclatante,
Et pour ne rien cacher, cét illustre vainqueur,
Asseure moins l'Estat qu'il ne trouble mon cœur.

La Princeſſe l'eſtime, & ie croy qu'elle l'aime.
THIAMIS.

Ah! perdez ce ſoupçon.

OROONDATE.

Ie l'ay ſceu d'elle-meſme.

THIAMIS.

D'elle-meſme, ah! Seigneur, que vous l'expliquez
Qu'elle a pû le dédain de vous faire vn riual,   (mal,
Que l'eſtat qu'elle fait du Prince voſtre frere,
Puis qu'elle vous le dit, vous deuroit ſatisfaire;
C'eſt ainſi que s'explique vn cœur vraymet diſcret,
Quand il veut découurir vn amoureux ſecret,
C'eſt ainſi que l'amant par vne adreſſe extréme
Découure ſon amour, & cache ce qu'il aime,
C'eſt pour vous que ſe fait cette confeſſion,
Admirez Alciane & ſa diſcretion: -
Elle n'ignore pas qu'il n'eſt pas vray-ſemblable
Qu'elle vous découurit vn amour veritable :
Mais ſçachant à quel poinct Bajazet vous eſt cher,
Elle recherche en luy dequoy vous obliger,
Et vous le ſoupconnez d'vne flâme nouuelle.

OROONDATE.

Tu te trompes, amy, ie ne me plains pas d'elle.

Ie ne l'accuſe point de me manquer de foy,
Elle n'a iamais eu de ſentimens pour moy ;
Ie me plains ſeulement de cét ordre ſeuere　　(frere
Qui veut que mes plaiſirs ſoient troublez par mon
Meſme quand par ſon bras ie voy mes ennemis,
Voiſins & citoyens, & vaincus, & ſouſmis,
Qui veut que mon bon-heur produiſe ma miſere,
Et que ie perde enfin ma maiſtreſſe & mon frere.

THIAMIS.

Perdez, perdez pluſtoſt ces ſentimens jaloux,
La Princeſſe ne brûle & ne vit que pour vous :
Si Bajazet luy plaiſt, c'eſt comme voſtre image,
Mais voſtre eſprit veut-il s'éclaircir dauantage ?
Veut-il voir comme quoy ce frere eſt dans ſon cœur,
Prenez l'occaſion de parler de ſa ſœur,
Témoignez-luy pour elle vne eſtime eminente,
Et puis voyez agir cette diſcrete amante ;
Vous luy verrez tirer de tout voſtre entretien
L'argument qu'elle veut que vous tiriez du ſien ;
Mais voicy Bajazet.

SCENE II.

BAIAZET, OROONDATE, THIAMIS.

OROONDATE.

Dieux! ma crainte redouble
A cét objet fatal, mais cachons noftre trouble ;
Et bien, mon frere, enfin la victoire eſt à vous,
Et voſtre heureux deſtin fera bien des jaloux,
Vous venez d'aſſeurer par deux grandes iournées
L'Eſtat preſqu'ébranlé des Iſles Fortunées.

BAIAZET.

Combattant pour la Reine, & ſous vos eſtendars,
I'eſtois bien aſſeuré de la faueur de Mars ;
Ie ne me flatte point de quelque vaine gloire,
Alciane & mon frere ont gagné la victoire ;
Ie dois tout mon bon-heur à ces charmans appas,
Et voſtre nom a fait beaucoup plus que mon bras.

OROONDATE.

C'eſt trop de la moitié, mon frere, & ie proteſte,
Qu'auec confuſion ie vous vois ſi modeſte ;

Mais

Mais encor dittes-moy depuis voſtre retour
Auez-vous eu le temps de faire voſtre cour ?
Auez-vous veu la Reine ?

BAIAZET.

      Oüy, Seigneur, ie l'ay veuë
Auec tous les attraits dont le Ciel l'a pourueuë ;
Tout eſt diuin en elle, & ſa rare bonté
Eſt ſeule comparable à ſa rare beauté.

OROONDATE.

Elle vous a receu ſans doute comme vn Prince,
Dont le bras genereux luy ſauue la Prouince,
Et qui depuis long temps elle brûloit de voir.

BAIAZET.

En effet ſon accueil a paſſé mon eſpoir ;
Dieux ! qu'elle eſt obligeante, & qu'apres ma vi-
Son approbation a releué ma gloire.   (ſtoire,

OROONDATE.

Vous auez autrefois reconnu ſa douceur.

BAIAZET.

I'eſtois préoccupé de l'amour de ſa ſœur,
Et cette paſſion extréme à ſa naiſſance
Me faiſoit voir la Reine auec indifference.

                            D

OROONDATE.

Sa ſœur a des attraits que l'on doit reuerer.

BAIAZET.

La Reine a des appas qui la font adorer,
Que ſon adreſſe eſt grande, vn accueil fauorable
Payant tous mes trauaux m'a rendu redeuable,
Et ie me voy reduit à craindre d'eſtre ingrat,
Pour auoir ſurmonté l'ennemy de l'Eſtat.
   Qu'elle ſçait bien loüer, que la loüange touche
Qui ſort d'vn bel eſprit par vne belle bouche,
Combien peut ſur vn cœur par la gloire animé
L'objet d'vne beauté dont il eſt eſtimé.

OROONDATE.

I'approuue voſtre ioye, & mon cœur s'intereſſe
Au fauorable accueil que vous fait la Princeſſe,
Iuſqu'à le reſſentir, peut-eſtre plus que vous,
La loüange ſans doute eſt vn plaiſir bien doux,
Et principalement d'vn Iuge legitime,
Qui peut authoriſer & le blaſme & l'eſtime.
   Mais comme les grands biens touchent aux plus
   grands maux,
Son excez bien ſouuent traiſne de grands deffaux,

Il accroiſt l'amour propre, & rend inſupportables
Ceux qui par leurs vertus eſtoient recommendables,
Et portant haut l'hõneur de leurs premiers exploits
Leur fait auec le temps mépriſer les emplois.
    Craignez, cher Bajazet, cette fatale peſte,
Plus elle eſt agreable, & plus elle eſt funeſte ;
Le ſage qui par tout en veut eſtre vainqueur
Luy ferme entierement & l'oreille & le cœur :
Et craignant qu'on le flatte, ou bien que l'on le iouë,
Rejette l'entretien de celuy qui le louë.

B A I A Z E T.

L'eſprit d'vn honneſte homme a trop de liberté
Pour pouuoir pratiquer cette ſeuerité,
La plus haute vertu n'a rien que de ſauuage,
Elle eſt belle au diſcours, & non pas dans l'vſage :
Tout le monde à l'enuy parle de ſes appas,
Et vous voyez pourtant que l'on ne la ſuit pas.

O R O O N D A T E.

Auſſi de mille erreurs noſtre conduite eſt pleine ;
Mais voicy déja l'heure où ie doy voir la Reine,
Adieu iuſqu'a tantoſt.

B A I A Z E T.

Je vous attens chez vous.
D ij

SCENE III.

OROONDATE.

QVi rendra le repos à mon esprit ialoux,
Ie ne puis plus d'outer de leur intelligence,
La gloire de mon frere accroist son esperance :
Dieux ! faut-il qu'vn succez conforme à mes desirs
Destruise ma fortune & mes plus chers plaisirs ?
Ah ! Menandre, reuien changer sur nos frontieres
Nos villes en buchers, nos champs en cimetieres,
Remplir tout le païs de carnage & d'horreur,
Car ta mort me nuit plus que ne fit ta fureur ;
Foibles raisonnemens de la prudence humaine,
I'esperois du bon-heur de ce qui fait ma peine,
Alors que ie taschois dans nos derniers combats
De trouuer vne paix dont ie ne ioüis pas.

THIAMIS.

Seigneur, ne craignez rien.

OROONDATE.

Le puis-ie ? ah ! si ton ame
Auoit iamais bruslé d'vne secrette flâme,

Si tu pouuois sçauoir quelle est l'affection
Que produit le merite & l'inclination,
Tu mourrois de douleur à la moindre pensée
Des soupçons rigoureux dont mon ame est blessée.
    Sçay-tu bien comme i'aime? ah! tu ne le sçay
        pas,
Ie ne suis point épris de ces mortels appas,
Qui ne peuuent donner que de flâmes mortelles,
Mes feux & mes desirs ont des causes plus belles,
I'aime, comme ie dois, vne aimable vertu,
Contre qui ma raison n'a iamais combatu,
Qui seule peut causer le repos de ma vie,
Pourquoy ie quitterois Trône, Sceptre & Patrie,
Et tout ce que le sang, & que l'ambition
Attachent fortement à nostre affection.
    I'aime aussi Bajazet à l'égal de moy-mesme,
Me plains-ie sans raison dequoy la Reine l'ai-
        me?
Pourray-ie m'employer à l'oster de son cœur,
Et puis-ie la ceder sans mourir de douleur?

THIAMIS.

Ne vous affligez point d'vne chose incertaine.

OROONDATE.

Eloignons-nous d'icy, voyez entrer la Reine.

THIAMIS.

Voyez-la:

OROONDATE *en entrant.*

Ie ne puis.

SCENE IV.

ALCIANE, & CLEONE.

ALCIANE.

Est-ce à moy de parler?
Est-ce à luy de se taire & de dißimuler?
I'ay fait ce que i'ay pû pour luy montrer mon ame;
Veux-tu que mon discours luy découure ma flâme?
N'as-tu pas remarqué comme pour l'obliger
I'ay craint pour Bajazet, mesme apres le danger,
Comme i'ay fait valoir les Vertus de ce Prince
Sur tous les plus vaillans qui soient dans la Pro-
Comme ie l'ay reçeu, comme ie l'ay traitté   (uince,
Et comme tous les soins ne m'ont point profité?
  I'ay bien plus fait encor, lors que ce jeune Prince
Partit pour visiter les ports de la Prouince,

Il voulut ce tableau, rare & mysterieux,
Où mon visage seul s'offroit d'abord aux yeux;
Mais où l'on pouuoit voir par vn secret d'Optique
Oroondate assis sur vn char magnifique,
Auec ces mots grauez aux pieds de ce vainqueur,
Ainsi qu'en mes Estats, il triomphe en mon cœur.
  Ie sçay bien qu'on ne peut lire cette écriture,
Et voir dans ce tableau que ma seule figure,
A moins que d'vn secret, qui n'est sceu que de moy,
Mais ie tremble, Cleone, & ie ne sçay pourquoy.

CLEONE.

Deuiez-vous le donner?

ALCIANE.

                    Dedans cette occurrance
Son extréme desir vainquit ma resistance;
Comme il le demandoit auec beaucoup d'ardeur,
Ie craignois qu'vn refus m'attirast sa froideur,
Et ne le reduisist à finir la durée
De la protection qu'ils m'ont tous deux iurée.

SCENE V.

MAis que nous veut ma sœur?

CLITIE.

Me sera-t'il permis
D'approuuer vn succez contre nos ennemis?
Puis-ie me réioüir de la mort de Menandre?

ALCIANE.

Et par quelle raison vous le peut-on défendre?

CLITIE.

Quoy qu'on n'ait pas dessein d'accepter vn amant,
Sa perte, à ce qu'on dit, touche sensiblement,
Menandre vous aimoit, il n'est pas impossible
Qu'à son dernier mal-heur vostre esprit soit sensi-
ble,
Et vous n'ignorez pas que l'on voit chaque iour
La pitié dans nostre ame introduire l'Amour.

ALCIANE.

Les Dieux me sont temoins que si nostre Prouince
Eust pû trouuer la paix sans la mort de ce Prince,

le

Ie plaindrois le mal-heur qui luy rauit le iour,
Par pitié seulement & non pas par amour :
Mais puis qu'Amant barbare autant que trop fi-
    delle

Il iuroit de nous faire vne guerre immortelle,
Malgré le sentiment que l'on doit à son rang,
I'ayme le bras qui vient de respandre son sang;
Mais destournons les yeux de cest objet funeste,
Laissons ce qui n'est plus pour voir ce qui nous reste,
Ce glorieux vainqueur dont le bras indompté
Vient de tant trauailler pour nostre liberté.
Vray portraict de son frere honneur de sa Patrie
C'est effroy des Tyrans, cet Amant de Clitie,
Bajazet, quoy ma sœur vous changez de couleur,
Peut-on estre surpris d'vn nom qu'on porte au cœur?

CLITIE.

Non, mais lors que la paix est par toute la terre,
Est-ce à moy seulement qu'on doit faire la guerre?
    Ah passons plus auant, portons plustost les yeux
Sur le pompeux tableau d'vn Prince esgal aux
    Dieux,
Voyons d'Oroondate & Vainqueur la gloire
Le voicy.

SCENE VI.
OROONDATE, THIAMIS.

TEs raiſons ont ſur moy la victoire,
Ie m'en vay l'aborder foible diſcretion
Que tu donnes de peine à mon affection.

CLITIE.

Il vient pour vous parler, ſouffrez que ie vous laiſſe.

ALCIANE.

Eſt-ce luy ?

CLEONE.

Vous tremblez,

ALCIANE.

Cache toy, ma foibleſſe.

Il s'approche

OROONDATE.

C'eſt fait, ie m'en vay luy parler,
Il n'eſt plus temps de feindre & de diſſimuler

Parlons, c'est trop souffert, la raison veut que i'ose
Madame,

THIAMIS.

Le respect luy tient la bouche close,
Qu'il est à plaindre Dieux !

OROONDATE.

Parmy tant de succez
Où la bonté du Ciel paroist auec excez,
Me sera t'il permis de plaindre l'auanture
D'vn Prince à qui l'amour creuse la sepulture,
Et qui meurt malheureux pour n'auoir point ozé
Descouurir les ardeurs dont il est embrasé ?
Quoy ce discours vous trouble, ah ie sçay bien Ma-
    dame
Que Menandre brusloit d'vne insolente flame :
Mais il est du deuoir des Princes genereux
De plaindre leurs pareils quand ils sont malheu-
    reux,
Ie ne plains point sa mort, il est digne d'enuie
Lors qu'auec l'esperance il a perdu la vie :
Mais ie le trouue à plaindre alors qu'en vostre cour
Il brusloit sans oser descouurir son amour.
Qu'vn Prince est malheureux prés de l'obiet qu'il
    ayme,
Lors qu'ayant fait dessain de parler de soy-mesme,
                                E ij

Le respect le contrainct de changer de discours
Pour cacher son amour parmy d'autres amours.
Qu'il souffre de douleurs lors que la ialousie
D'vn soupçon aparent trouble sa fantaisie,
Et qui se rend encor plus cruelle en ce point
Qu'il voudroit s'esclaircir, & qu'il ne l'ose point.

ALCIANE.

Mais le sort d'vne Reyne est bien plus déplorable,
Quand l'amour l'a renduë à tel poinct miserable,
Que de l'assuiettir aux aymables apas
D'vn Amant qui le veut, & qui ne le croit pas.

OROONDATE,

Si son peu de vertu cause sa desfiance,
Elle peut se guerir par cette cognoissance,
Et si la modestie en est le fondement,
Elle doit estimer & l'amour & l'amant.
   Mais que peut deuenir vn Amant miserable
Qui dans l'objet aymé trouue tout adorable,
Et qui s'est fait luy mesme vn sort si rigoureux
Qu'il ne peut estouffer ny descouurir ses feux.

ALCIANE.

Si son peu de vertu cause sa deffiance
L'amant doit se guerir par cette cognoissance,

Mais si la modestie en est le fondement,
Il a droit d'esperer un meilleur traictement,
Qu'il parle.

 OROONDATE.

Il n'oseroit, fascheuse modestie

THIAMIS.

Parle

OROONDATE.

Ay-ie point veu la Princesse Clitie?

ALCIANE.

Elle vient de sortir

OROONDATE.

Que cette chere sœur
Tempere ses regards d'vne aymable douceur,
Que dans son entretien ie trouue de delices,
Que ses vœux vont causer d'agreables supplices,
Que sa taille est charmante, & bref qu'elle a d'apas.

ALCIANE.

Seigneur vous luy donnez des biens qu'elle n'a
pas.

E iij

OROONDATE.

Chaque fois que le Ciel permet que ie la voye,
Mon cœur se sent touché d'vne secrette ioye,
Ie ne puis l'aborder sans quelque emotion
Que marque mon amour & sa perfection.

ALCIANE.

Vous la flatez beaucoup.

OROONDATE.

Ie luy dois dauantage,
Et mes soins quelque iour en rendront témoignage,
Si ie puis obtenir l'effect de mes desirs,
Mais c'est trop m'opposer au cours de vos plaisirs,
Ie m'en vay vous laisser dans vostre solitude.

SCENE VII.

ALCIANE, CLEONE.

ALCIANE.

Qve feray-ie Cleone apres vn coup si rude?
Quoy ma sœur est l'obiet de son affection!

CLEONE.

Mais plustost vn pretexte à sa discretion,
Puis que tout ce qu'il fait est à vostre auantage,
En vain, ce qu'il a dit vous donne de l'ombrage,
Pour moy ie iuge mieux de ce discret Amant,
Et croy qu'à vostre exemple il feint adroitement,
Comme pour l'obliger vous estimez son frere,
Estimant vostre sœur, il a creu de vous plaire,
Et de vous descouurir l'amour qu'il a pour vous.

ALCIANE.

Ie ne me flatte point d'vn sentiment si doux,
Ie crains qu'il soit conceu sans aucune apparance,
Et la raison s'accorde auec ma deffiance
Sil croyoit que ie l'ayme, helas! à quel propos
Voudroit-il hazarder de troubler mon repos?

Pourquoy s'il pouuoit lire au profond de mon ame
Emploiroit-il ses soins pour me couurir sa flame ?
Pourquoy ne me pas dire auecque liberté
Qu'il m'aime s'il sçauoit que ie l'ay souhaité ?

CLEONE.

Le respect le retient.

ALCIANE.

                    I'auois cette pensée,
Lors que par les conseils d'vn amour insensée
Ie faisois mes efforts pour les faire parler,
Mais ie n'y songe plus

CLEONE.

                    Il se veut signaler
Par sa descretion

ALCIANE.

                    Tu me flattes Cleone,
Tu trahis mon amour mais ie te le pardonne,
En l'estat où ie suis, croy que ta trahison
Plaist mieux à mon esprit que ne fait ma raison.

CLEONE.

Pour-esclaircir bien tost le soupçon qui vous blesse
Il sera bon de voir auiourd'huy la Princesse,
                    Ie croy

Ie croy que vous pourrés auec facilité
De ses confessions tirer la verité.

ALCIANE.

Et bien voyons la donc, mais sans autre esperance
Que de nous confirmer dans nostre desfiance,
Ne te souuient il point de nos derniers discours?
Ils ont marqué ma perte ainsi que leurs amours,
Voulant de Bajazet exalter ta Victoire,
Elle n'a pû souffrir le recit de sa gloire :
Mais tournant sur son frere & l'esprit & les yeux,
Son esprit amoureux l'a mis au rang des Dieux.

CLEONE.

Peut estre imaginant de vous estre agreable.

ALCIANE.

Ie le croyois ainsi, mais est il vray semblable,
Ma sœur a tousiours creu que ma discretion
Cachoit pour cét Amant beaucoup d'auersion :
Ah! ne me flatte plus, mais au moins sois secrette,
Personne n'a rien sceu de ma flâme discrette,
Iusqu'i-cy mon esprit l'a peu dissimuler,
On me verra mourir auant que d'en parler,
Et dans mon desplaisir i'auray cét auantage
D'auoir auec l'Amour conserué le courage.

Fin du deuxiesme Acte.

F

ACTE III.

SCENE PREMIERE.

BAIAZET, PALLANTE.

BAIAZET.

Vy la Reine m'estime, & sans presom-
      ption
Ie puis estre asseuré de son affection:
L'accueil qu'elle m'a fait au retour de l'armee,
Vn fauorable bruict dont la cour est semee,
Qui témoigne qu'en fin elle a fléchi son cœur
A receuoir les vœux de son liberateur,
Les protestations qu'elle vient de me faire
Eloigne mon esprit d'vn sentiment contraire,
Et ce portraict encor que ie tiens de sa main
Confirme ma creance & flatte mon dessain.
      Dieux quelle est adorable, & qu'en cette peinture

L'art tout parfait qu'il est desrobe à la nature,
Mais que peut vn mortel voulant representer
Vn chef-d'œuure où les dieux ne sçauroiet s'imiter?
Tu sçais comme l'estat des isles fortunees
Se trouue disposé depuis quelques annees,
Que la guerre toujours, & dedans & dehors
Sans aucun interualle en afflige le corps,
Et que le Roy craignant de manquer de puissance
Voulut qu'Oroondate entreprit sa deffence.

PALLANTE.

I'en ay veu les traictés & les conditions.

BAIAZET.

Or sçache le succez & mes intentions,
Le deffunt Roy croyoit qu'vn heureux hymenée
Ioindroit Oroondate auecque son aynée:
Mais il cognut bien tost aux froideurs de tous deux
Que ce qu'il projettoit les rendroit mal-heureux.
    Mais craignant que mon frere apres nostre Vi-
ctoire
Poußé par l'interest d'vn sceptre & de sa gloire
Contraignit la Princesse a receuoir sa loy
Contre l'ambition il engagea la foy,
Mon frere luy promit, le Roy meurt, tout se trouble
Au dedans de l'estat le desordre redouble,

F ij

Menandre prend ce têps, se faict chez des mutins,
Et pretend par la force adoucir ses destins:
Le mespris d'Alciane eust le pouuoir de faire
Vn subject furieux d'vn amant temeraire,
Il arme, mais bien loing de vanger son affront,
Il est contrainct de fuir la honte sur le front,
Il reuient, ie l'attaque, il fuit, ie le surmonte
Et son sang sur son front faict ce que fit la honte,
Il est mort l'orgueilleux, & dedans ce trépas
I'ay trouué le repos & la paix des estats,
Par tous ces grands succez, il n'est pas difficille
De iuger du pouuoir que i'ay dedans cette isle,
Et quoy qu'Oroondate en soit maistre auiourd'huy
I'y pourrois sans danger contester auec luy.

PALLANTE.

Seigneur esloignez vous d'vn dessein si funeste.

BAIAZET.

Ne t'en mets point en peine, escoute ce qui reste:
Estant doncques certain au moins apparamant
De voir de mon projet vn bon euenement,
Ie veux des auiourd'huy descouurir à mon frere
L'amitié d'Alciane & ce que i'en espere,
Puis qu'il est resolu de garder le serment
Qu'il fit iadis au Roy si solemnellement,

Qu'en sa libre conduite il laisse la Princesse
Qu'on n'a point fait dessain d'en faire vne mai-
   tresse,
Il a de l'interest qu'elle se donne à moy,
Et doibt estre rauy de voir son frere Roy.
La fortune en naissant luy fut assez prospere,
Qui le fit heritier des trônes de mon pere.

PALLANTE.

Quitterez vous Clitie?

BAIAZET.

              En cest euenement
Ie dois agir en Prince, & non pas en Amant:
Ce n'est pas que mon cœur n'aye vne peyne extréme
A briser les liens de la beauté qu'il aime,
Fort long temps le plaisir & l'apas d'vn estat
Ont fait dedans mon cœur vn illustre combat:
Mais enfin la raison emporte la victoire,
L'amant lecede au Prince, & l'amour à la gloire.

PALLANTE.

Negliger son merite & son affection.

BAIAZET.

Negliger les conseils de mon ambition.

F iij

PALLANTE.

Quitter tant de beauté.

BAIAZET.

Quitter tant d'esperance.

PALLANTE.

Ou seroit vostre amour?

BAIAZET.

Où seroit ma prudence?

PALLANTE.

Cognoissez vous les biens que vous abandonnez?

BAIAZET.

Mais vous connoissez-vous ceux que vous con-
damnez?
Sçaués-vous ce que c'est que reigner sur la terre,
Estre arbitre de paix, estre arbitre de guerre?
Estonner l'vniuers de ses moindres projets
Parmy ses seruiteurs n'auoir que des subjects,
S'asseoir dessus vn trône, & porter la Couronne
Bref commander à tous, n'obeïr à personne.
Sçauez-vous ce que c'est? non ie ne le croy pas,
Vous ignorés d'vn Sceptre & la gloire & l'appas,

Et n'apriſtes iamais cette belle maxime,
Que pour ſe faire Roy l'on peut commettre vn crime.

PALLANTE.

Oüy, Seigneur, mais

BAIAZET.

Suffit i'excuſe voſtre zele,
Soyez moy ſeulement & ſecret & fidelle.

PALLANTE.

Le Prince vient à nous.

BAIAZET.

Il eſt accompagné,
Cherchons à nous cacher dans ce bois eſloigné
Clitie eſt auec luy: Dieux ! quel trouble à ma ioye,
Ie ne ſçauroy ſouffrir que perſonne la voye.

SCENE II.

OROONDATE, CLITIE, DIANE, OROONDATE.

MAdame pardonnez à ma confufion.

CLITIE.

Mais doutés vous Seigneur de ma difcretion?

OROONDATE.

Au contraire i'en fçay la conduite admirable,
Et viens en recercher quelque effect fauorable,
Le refpect tous les iours m'empefche de parler,
Ie veux me defcouurir, ie veux diffimuler,
Ie crains tout, ie veux tout par cette incertitude,
Iugez quelle eft ma peine & mon inquietude.
Ah Dieu! combien de fois en regardant fes yeux
Mon cœur en s'efmouuant m'a t'il dit, voy les
  Dieux,
Parle, fay leur fçauoir la douleur qui te touche
Apres voulant parler il me fermoit la bouche,
Enfin c'eft trop long temps fouffrir fans murmurer,
C'eft affés mon refpect, ie ne puis plus durer

Il faut

Il faut absolument que vous souffriés ma plainte,
A t'on iamais parlé d'vne telle contrainte?
Quoy ie ne pourrois pas au fort de ma douleur,
Dire i'ayme Clitie, amour regne en mon cœur,
Celle pour qui ie meurs est si pleine de charmes,
Que ie fay vanité de luy rendre les armes,
Son œil comme le vostre a mille & mille apas,
Comme vn Soleil il brusle, & ne s'eschauffe pas,
Comme vous sa vertu n'a rien que d'heroique,
Et si vous n'estiés point elle seroit vnique,
Ce discours vous surprend.

CLITIE.

      Ce n'est pas sans raison,
Ie ne meritois pas cette comparaison.

OROONDATE.

Et bien ie me tairay si ce discours vous fâche.
Ce n'est pas auiourd'huy qu'il faut que ie le cache.

CLITIE.

Ie l'entendrois Seigneur auec rauissement,
S'il pouuoit vous donner du diuertissement,
Trop de bon-heur pour moy si cette complaisance
Passoit pour vn effect de ma recognoissance.

G

Et ſi vous confeßés en vous moquant de moy
Que ie me reſouuiens de ce que ie vous doy.

OROONDATE.

Vous voulez me chaſſer.

DIANE.

La Reine entre Madame.

OROONDATE.

A dieu donc :

CLITIE.

Ie m'en vay parler de voſtre flâme

OROONDATE en ſe retirant.

Vous me perdrez.

SCENE III.

ALCIANE.

CLeone , helas ! n'esperons rien,
I'ay trop veu leur amour dedans cét entretien ,
Mais ma sœur ie vous trouble.

CLITIE.

Et de grace , Madame,
Iugez plus sainement de l'estat de mon ame ,
Le bon-heur de vous voir m'est si grand & si doux
Que ie ne puis durer quand ie suis loing de vous :

ALCIANE.

Mais l'entretien du Prince a pourtant bien de
charmes.

CLITIE.

Beaucoup.

ALCIANE.

Il vous parloit des progrés de ses armes

Que la guerre & la paix se suivent tour à tour.

CLITIE.

Point du tout, au contraire il me parloit d'amour.

ALCIANE.

D'amour!

CLITIE.

C'est entretien est des plus ordinaires,
Et ce n'est pas à moy qu'on doit parler d'affaires.

ALCIANE.

Vous nommoit il l'objet de son affection?

CLITIE.

Il couuroit ce secret d'vn peu de fixion
Auiourd'huy les discrets suiuent cette methode,
Et i'ay sceu depuis peu que c'est la grande mode.

ALCIANE.

Son adresse en ce point n'a pas mal reüssi,
Vous l'aués entendu.

CLITIE.

Ie le croy bien ainsi.

ALCIANE.

Puis-ie auoir quelque part en cette confidence?

CLITIE.

Il ne tiendra qu'à vous d'en auoir cognoiſſance,
Eſcoutés mot à mot comme il s'eſt expliqué,
Et vous remarquerés ce que i'ay remarqué.
Celle pourqui ie meurs eſt ſi pleine de charmes,
Que ie fay vanité de luy rendre les armes,
Son œil comme le voſtre a mille & mille apas.

ALCIANE.

C'eſt aſſez, ie l'entens, ma ſœur n'acheués pas.

CLITIE.

Pourtant par ce qui ſuit vous ſçauriez dauantage.

ALCIANE.

Cleone il eſt trop vray.

CLITIE.

Vous changés de viſage,
Choquerés-vous toûjours les deſirs d'un vain-
queur,
Qui pour tant de bienfaiſts ne demãde qu'vn cœur.

Ah! si quelque raison ou d'amour, ou de haine
Vous deffend d'escouter a raison souueraine,
Accordés quelque chose à nostre commun bien.

ALCIANE.

De grace, chere sœur, rompons cét entretien,
Ne nous regardons plus auec nostre couronne,
Pouués vous ignorer que la guerre la donne
Au Prince Orrondate, & qu'en ce changement
Il deuient nostre maistre, & non pas nostre Amant.

CLITIE.

C'est blesser sa vertu que parler de la sorte,
Nous deuons partager la Couronne qu'il porte
Par les derniers traictés qu'il fit auec le Roy,
Et ie ne pense point qu'il nous manque de foy.
    Mesme quand il pourroit par les droits de la
  guerre
Se faire adorer seul dans toute nostre terre:
Il a trop de bonté pour ne pas accorder
Tout ce que la raison nous feroit demander,
Outre que cognoissant combien vne couronne
A porte de remors quand la guerre la donne,
Deuroit on s'estonner qu'ils veulent en ce iour
Se faire couronner par les mains de l'amour,

Et malgré les l'auriers luy couurent la teste
Faire passer en droit vne injuste conqueste.

ALCIANE.

Oüy l'on peut s'estonner que son ambition
Veüille estre redeuable à son affection,
Et qu'ayant sans l'amour obtenu la victoire
Il veüille auec l'amour en partager la gloire:
Mais quand il seroit vray qu'il peut auec raison
Vouloir ioindre à ces droits ceux de nostre maison,
Auez-vous peu si tost lire dedans son ame,
Et ne faut il qu'vn iour pour cognoistre sa flâme.

CLITIE.

Croyés que ce n'est pas d'auiourd'huy seulement
Que i'ay deu m'assurer que le Prince est Amant
Depuis que vos froideurs empescherent mon Pere
D'acheuer le traicté qu'il commençoit de faire
Pour vostre mariage & pour nostre bon-heur
Le Prince mille fois m'a découuert son cœur,
Et i'ay veu son amour dans sa perseuerance,
Prenez sur mes discours vne entiere assurance,
Et ne doutez iamais que son ambition
Ne veüille tout donner à son affection.

ALCIANE.

Vous estes trop credule.

CLITIE.

Et vous trop desfiante.

ALCIANE.

Ainsi facilement on croit ce qui contente.

CLITIE.

Ainsi mon interest est l'interest commun,
Et le vostre s'y trouue aussi grand que pas vn.
Ah ! cessés de choquer, ce que le Ciel ordonne
Par vn heureux hymen conseruons la Couronne,
Conseruons nos subiects & nostre liberté
Puis que ce bien depend de nostre volonté,
Perdons cette facheuse & fausse modestie
Flatons vn conquerant.

ALCIANE.

Mais aime t'il Clitie?

CLITIE.

S'il aime ie puis dire auecque verité
Que son affection est à l'extremité,
Mais me soupçonnés vous ne suis-ie pas croyable?
Voudrois-ie l'assurer s'il n'estoit veritable?
Dieu que dans ce soupçon vous me faites de tort,

ALCIANE.

ALCIANE.

Que voulez-vous enfin?

CLITIE.

Que vous cediés au sort,
Et que pour nostre bien & celuy de l'empire
Le Prince ait aujour-d'huy vostre adueu qu'il de-
sire.

ALCIANE.

Et bien puis qu'il le faut, ie veux luy faire voir
Que i'ay sur mon esprit vn absolu pouuoir,
Si mon conseil le veut, ma sœur soyez certaine
Que de nostre costé vous n'aurés point de peine:
Faictes donque sçauoir à ce discret Amant
Qu'il ne doit point douter de mon consentement.

CLITIE se retirant dit.

Ie vay l'en auertir.

H

SCENE IV.
ALCIANE, CLEONE.

N'En doutons plus Cleonne,
Ma sœur veut me priuer d'Amant & de Courône,
Elle a conclu ma perte, & ma discretion
Authorise les vœux de son ambition.
Ah cruelle Clitie! orgueilleuse Princesse,
Esprit presomptueux & fort de ma foiblesse,
N'estoit-ce pas assés que violer ta foy,
Sans trahir la nature & l'attaquer à moy?
N'estoit ce pas assez., ame fiere, ame ingrate
Que fuir Bajazet, & sans suiure Oroondate?
Non, ce ne l'estoit pas, & pour comble d'horreur,
Tu joints crime sur crime, & fureur sur fureur,
Tu bastis ta fortune en ruinant la mienne
Et le droict le plus sainct n'a rien qui te retienne:
Mais c'est encore peu que de cét attentat,
Ton audace entreprend ma perte auec esclat,
Tu veux que ie deuienne à moy mesme fatale.
Et que i'allume enfin ta torche nuptialle.
Que ferons nous Cleonne en cette extrémité?
N'opposerons nous rien à tant de lacheté?

Faudra-il approuuer ce que ma sœur desire,
Et perdre mon repos pour luy gaigner l'empire?
Ah plustost, mais quelqu'vn s'en vient dedans ces lieux,
C'est le Prince & son frere, ah! fuyons de leurs yeux,
Dans l'excés violent de mon inquietude
Leur entretien vaut moins que nostre solitude.

SCENE V.

OROONDATE, BAIAZET.

OROONDATE.

Qvittez tous ces respects, & tout ce complimēt,
Mon frere couurés vous, & parlez librement,
Vous cōnoissez mon cœur, vous me pouuez tout dire,
Vous pouuez tout vouloir quand ce seroit l'empire,
Ie iure le Soleil qu'il vous est accordé
Dedans le mesme instant qu'il sera demandé.

BAIAZET.

Ie ne vous tiendray point dauantage en balance,
Le bien que ie desire est grand par excellence,
Tout ce qu'on peut vouloir s'y trouue eminamment,
Et ce bien ne depend que de vous seulement.

C'est Alciane enfin.

OROONDATE.

C'est.

BAIAZET.

La Reine.

OROONDATE.

Ah mon frere!

Dequoy me parlez vous?

BAIAZET.

D'vn bon-heur que i'espere,
Ne le refusés point à mon affection.

OROONDATE.

Mais vous conseille-t'elle ou bien l'ambition?

BAIAZET.

Toutes les deux icy flattent mon esperance.

OROONDATE.

Scauez vous que ce bien n'est pas en ma puissance,
Et que par les traités qui nous seruent de loy,
La Reine doit chercher son espoux & son Roy.

BAIAZET.

Mais y consentez vous, si sans forcer son ame
Elle veut contenter & ma gloire & ma flame?

OROONDATE.

Ie l'ay promis aux Dieux.

BAIAZET.

Vous me le promettez?

OROONDATE.

Oüy.

BAIAZET.

Ie vay donc la voir.

OROONDATE.

Ah mon frere arrestez!
Ne precipités rien, puis que rien ne nous presse,
Dás vne heure au plus tard ie verray la Princesse,
Si son desir s'accorde auecque vostre amour
Vous serez satisfait auant la fin du iour
N'en parlés a personne, & sur tout prenez garde
Que dans ce grand dessein vostre honneur se ha-
zarde,

Qu'on ne peut rappeller vn discours auancé,
Et qu'enfin cét esprit ne peut estre forcé.

BAIAZET en se retirant dit.

I'attendray donc voftre ordre auec impatience,

SCENE VI.

OROONDATE, THIAMIS.

ET bien cher Thiamis blâme ma desfiance,
Dis que ma ialousie auoit vn faux object,
Et qu'encore aujourd'huy ie me plains sans subiect.

THIAMIS.

Ie ne le diray point, mais souffrez que ie die
Que l'on peut vous blasmer de trop de modestie:
Bajazet vous aprend comme il en faut vser,
Ce Prince ne croit pas qu'on l'ose refuser,
Il parle, il entreprend, il découure sa flâme,
Il voit tout au dessous des grandeurs de son ame,
Et ne sçaurois penser qu'vn Prince genereux
Ait droit d'apprehender vn accueil rigoureux.

OROONDATE.

Ie pardonne vn discours iniuste & temeraire
Au charitable amour qui t'oblige à le faire,
Mais ie ne puis souffrir que ton raisonnement
Iuge des actions par leur euenement :
Sçache que le respect qui me reste inutille
Aupres d'vne Maistresse a triomphé de mille,
Et que la liberté qui sert à mon riual
Pres de quelqu'autre esprit n'eust produit que du
    mal.
Il est vray, ie suis Roy i'ay, peut tout entreprendre,
I'auois droict de forcer qui vouloit se deffendre :
Mais sçais-tu que ce droict ainsi que ce pouuoir
Choquoient esgallement l'honneur & le deuoir,
Et que bien que les Rois soient au dessus des crimes,
Ils ne doiuent former que des vœux legitimes,
Quand le Ciel m'a donné ce pouuoir absolu
Qui fait que tout flechit à ce que i'ay voulu,
C'est pour punir le crime, & non pour le conne-
stre.

SCENE VII.

VN GENTIL-HOMME de la suite D'OROONDATE.

LA Princesse en sortant m'a donné cette let-
tre.

OROONDATE.

Clitie.

LE GENTIL-HOMME.

Ouy Seigneur.

OROONDATE.

Il faut voir ce que c'est,
Laißés nous Thiamis, nous tenons nostre arrest,
La Princesse sans doute entretenant la Reine
A veu dans ces discours son amour & sa haine,
Et me le fait sçauoir voyons le ; lache, & quoy?
De l'ancre & du papier font donc trembler vn Roy?

THIAMIS.

Miraculeux effect d'vn pouuoir inuisible
Par que l'amour surmonte vn courage inuencible.

OROON-

OROONDATE.

Mais c'eſt trop conteſter, enfin il eſt ouuert
Comment pourray-ie lire vn diſcours qui me pert?
Veux tu m'en diſpenſer? quand tu voudrois le faire
Ma curioſitée ſe voudroit ſatisfaire:
Il faut le voir enfin, le ſort en eſt ietté,
Ne me reproche point d'auoir trop conteſté.

BILLET de CLITIE.

La Reine aproue voſtre flâme,
Et veut vous donner du ſecours,
Voyez dans ce petit diſcours
Comme elle m'a montré ſon ame:
Si mon conſeil le veut, ma ſœur ſoyez certaine
Que de noſtre coſté vous n'aurés point de peine.
Faites doncques ſcauoir a ce diſcret Amant
Qu'il ne doit point doubter de mon conſentement.

CLITIE.

Ah Dieu! de quel bon-heur ma fortune eſt ſuiuie,
Ou ie craignois la mort i'ay donc trouué la vie,
Thiamis le crois tu, mes yeux me trompez vous?
Helas que mon deſtin va faire de ialoux,
Que pourra deuenir ce miſerable frere,
Mon bon-heur me déplaiſt qui cauſe ſa miſere,

THIAMIS.

Bajazet n'ayme rien que pour l'ambition,
Et le trône est l'obiect de son affection.

OROONDATE.

S'il est vray, son amour se verra satisfaicte
Par la possession de l'object qu'il souhaite :
Mon trône de Maroc est destiné pour luy,
Et rien n'empeschera qu'il n'y monte auiourd'huy :
Voy le donc de ma part, fais luy cette ouuerture,
Employe en ma faueur l'amour & la nature.
   Ouy dis luy que la Reine est l'obiect de mes vœux,
Que si ie ne l'obtiens ie ne puis estre heureux,
Et que s'il me la cede en faueur de Clitie
Il gaigne vne Couronne, & me sauue la vie.
Ie verray cependant l'object de mes desirs :
Dieu que cest entretien me promet de plaisirs,
Mais ne l'arreste point, cours, volle amy fidelle,
Et dans ce grand dessein tesmoigne moy ton zelle :
Promets luy tout enfin, ne me reserue rien
Ayant ma Reine à moy ie n'ay que trop de bien.

Fin du troisiesme Acte.

ACTE IV.

SCENE PREMIERE.

ALCIANE, CLEONE.

ALCIANE.

Mour laisse moy que veux tu ?
　Ie ne puis t'escouter, il y va de ma gloire,
　　C'est assez combatu,
Souffre que mon esprit emporte vne victoire
　Que la discretion demande à ma vertu,
　　Tyrannique discretion,
Veux tu me dispencer de cette complaisance
　Quoy mon affection,
Et le resentiment d'vne extréme souffrance
Ne peuuent t'émouuoir à la compassion.
　Dieux faut il que dans mes estats
Vne indiscrete sœur m'enleue ce que i'aime?

Ne le permettés pas,
Si l'impudence icy reçoit vn diademe
Ce crime à l'auenir aura bien des apas
Moy mefme veux ie l'endurer?
Non ma difcretion, ie ne puis m'y refoudre
Ie veux me declarer,
Ce feroit bien en vain que i'aurois vne foudre,
Si l'affront qu'on me faict ne pouuoit l'attirer.
Armons nos fidelles fubiects
Pour empefcher le cours de cette intelligence.
Dieu quels font nos projects,
Faut il eftre impudent pour punir l'impudence?
Ah donnons ànos vœux de plus iufte obiets.

SCENE II.

CLEONE.

LE Prince entre au iardin.

ALCIANE.

Que faut il que ie die?
Il vient pour me parler de l'amour de Clitie,
Dois-ie me retracter de mon confentement,
Et puis ie me refoudre à perdre mon Amant?

CLEONE.

Ie croy que vous deuez regler voſtre conduite
Sur les diſcours du Prince, & iuger par la ſuitte,
S'il faut tout accorder à ſon affection,
Ou ſi l'on peut encor choquer ſa paſſion.
Que ſi vous cognoiſſez que voſtre reſiſtance
Peut obliger ſon ame à quelque violence,
Ie croy que vous deués conſentir à ſes vœux,
Mais il eſt raiſonnable auſſi bien qu'amoureux,
Vous pouuez oppoſer à l'hymen qu'il deſire
L'amour de Bajazet & le bien de l'empire,
Laſſurer que ce Prince eſtimant voſtre ſœur
Vous auiés deſiré qu'il en fuſt poſſeſſeur
Que la foy.

SCENE III.

ALCIANE.

Le voicy Dieux!

OROONDATE

Eſt il vray Madame?
Mais des-ja mon diſcours ſemble choquer voſtre
ame,

Ie lis dedans vos yeux vn deplaisir secret.
Ah! ne m'accusez point d'vn amour indiscret.
Ie me suis teu long temps, & me tairois encore
De la bruslante ardeur du feu qui me deuore.
Si cette aymable sœur qui sçait quelle est ma foy,
Ne m'eut faict la faueur de vous parler pour moy.
Et si vous n'approuuez le desir qui m'anime,
Ie m'en tairay tousiours côme on se tait d'vn crime:
Mais est il vray, Madame; ah Dieu! ie suis trahy,
Ie pensois qu'on m'aimast où ie me vois haï.

ALCIANE.

Ah! condamnez, Seigneur, cette iniuste pensée
Dont vous estes trompé, dont ie suis offencée,
Pleust au Ciel peussiez vous lire dedans mon cœur.

OROONDATE.

Ne me regardez point comme vn liberateur,
Ou comme vn conquerant qui croit que sa puissance
Donne à tous ses desirs vne entiere licence,
Ie ne veux point donner à mon ambition
Vn prix que i'ay choisi pour mon affection:
Ie sçay bien qu'en ce choix i'ay paru temeraire,
Mais l'amour, mais vn Dieu m'a contraint de le
    faire.
Ie ne peus resister à de charmans apas,
Et mesme le pouuant ie ne le voulus pas

Ie ne celeray point qu'en cette violence,
Mes desirs & l'amour furent d'intelligence,
Que ie me fis la loy qu'il voulut m'ordonner,
Que ie guiday la main qui vouloit m'enchaisner,
Et qu'en vn mot moy méme à moy méme contraire,
Ie me suis fait vn ioug que ie ne puis deffaire :
Mais cedant à l'amour par inclination
I'en voulus exiger cette condition.
Que vostre volonté feroit mon esperance,
Que ie ne parlerois que par vostre licence,
Et qu'enfin le respect & la discretion
L'emporteroit tousiours sur mon affection,
Ie l'obtins & ce Dieu plein de feux & de flâme,
N'a pas eu le pouuoir de contraindre mon ame,
Ie luy commande encor', tout absolu qu'il est,
Et ie puis le cacher soudain qu'il vous deplaist.

ALCIANE.

Mais cét heureux hymen que ma sœur pretĕd faire,
Ne choquera-t'il point le Prince vostre frere?
Et croyés-vous qu'il cede à vostre passion
Vn bien que i'ay promis à son affection?

OROONDATE.

Dieu qu'elle trahison a cruelle Clitie
Quel subiect auiez vous d'attenter à ma vie?

ALCIANE.

N'accusez point ma sœur dans cét euenement,
Puis qu'elle n'a rien faict sans mon consentement:
Il est vray que sçachant quelle est vostre puissance,
D'abord pour vos desirs i'eus de la complaisance,
Dés qu'elle me parla de vostre affection,
Ie donnay cét arrest à ma confusion.
Si mon conseil le veut, ma sœur soyez certaine
Que de nostre costé vous n'aurez point de peine,
Croyant qu'il valoit mieux dans cette extremité
Vous plaire par vertu que par necessité.
  Mais puis que vos discours m'ont desia faict con-
    nestre
Que vous ne traittez point en tyrannique maistre,
I'oze en faueur d'vn frere exprimer mes desirs
Sans dessain toutesfois d'empescher vos plaisirs.
  Ie sçay qu'on vous doit tout, & que cette alliance
De ma sœur & de moy surpasse l'esperance,
Mais ie sens dans mon ame vn secret mouuement
Qui s'oppose à l'effect de mon consentement.

OROONDATE.

Où puis auoir failli dans ma iuste poursuite?
Est-ce dans mon dessain, ou bien dans ma con-
    duite?

Est-ce

Est ce dans mon ardeur? est ce dans mon respect?
Ah! ie vous ay depleu, que tout me soit suspect,
Impuissante vertu dont l'audace se iouë
Ie ne t'escoute plus, va ie te desaduouë.

I'auois cru que mes soins & ma discretion
Me feroit trouuer place en vostre affection :
Mais i'espreuue auiourd'huy qu'il falloit d'autres
  armes,
Et qu'vn trompeur esclat a pour vous plus de char-
  mes.

ALCIANE.

Dieux! que vostre courroux me traicte indigne-
  ment,
Et que vous entrez peu dedans mon sentiment,
I'estime Baiazet, i'admire sa vaillance,
Mais de vous & de luy ie sçay la differance,
Ie choque vos desirs, non par auersion,
Mais plustost par estime & par affection :
Dieu mon esprit se perd dans l'excez de ma peine.

OROONDATE.

L'estime ne faict point les effects de la haine.

ALCIANE.

Mais l'esprit agité de fortes passions
Est vn iuge suspect aux bonnes actions.

OROONDATE.

Ce precieux effect d'vne extréme misere,
On croit de m'obliger quand on me desespere,
Que seroit contre moy vostre seuerité,
Si par vostre douceur ie suis si mal traicté?
Helas! on me refuse à cause que l'on m'ayme,
Vn extréme mespris vient d'vn merite extréme,
La rigueur de mon sort, va mesme à si haut point,
Qu'on reçoit à mes yeux celuy qu'on n'ayme point.
Bien. Madame, acheuez cest heureux hymenée
Pour signaler encore cette grande iournée,
Ie n'empécheray point l'effect de vos traictés,
Mais resouuenez-vous que vous me mal-traictés.

SCENE IV.

ALCIANE, CLEONE.

ET bien, chere Cheone, est-il pas vray sembla-
ble,
Que mon affection me rendra miserable?
Helas! si ie consens qu'il espouse ma sœur,
Ie ne puis esperer ny plaisir ny douceur,

Car n'imagine point que le temps me gueriſſe,
Si mon eſpoir perit il faut que ie periſſe,
Enſeignant leur traicté, ie ſigne mon treſpas,
Que ne fera t'il point ſi ie n'y conſens pas?
Croy-ie qu'il ſe retienne auec tant de puiſſance?
Non non, ſa paſſion a trop de violence,
Et ie dois par raiſon craindre l'euenement,
Auſſi bien du refus que du conſentement.
Ce qui plus me tourmente en ce mal-heur extré-
     me
N'eſt pas d'auoir aymé, mais d'auoir dict que i'ai-
     me,
Ouy ie l'ay dict, Cleone, & ce cruel vainqueur
M'a refuſé l'oreille auſſi bien que le cœur.
Helas! i'ay bien taſché d'exprimer ma penſee,
Si bien que la pudeur n'en peut eſtre offencee,
I'ay mis dans mes diſcours tous les temperamens
Qu'on donne d'ordinaire aux ſimples complimens,
Mais enfin i'ay parlé, de l'ardeur qui m'enflame,
Et i'en ay pour témoins & ma bouche & mon ame.

SCENE V.

Voicy ma sœur.

CLITIE.

Madame helas ! où pensés vous
Le Prince sort d'icy transporté de courroux
Persistés-vous encor dans cette humeur sauuage?
Et ne craignés vous point d'aigrir ce grand cou-
rage ?

ALCIANE.

Mais vous craignés vous point de facher vne sœur
Qui vous aime & vous traicte auec tant de dou-
ceur?
Enfin ne pensés plus à ce grand hymenée,
Sçachez qu'à Bajazet ma parolle est donnée.

CLITIE.

Comment à Baiazet ?
ALCIANE.
Vous l'aués estimé,
Et ce ieune vainqueur merite d'estre aymé,

Il vous fasche de perdre vn Amant d'importance,
Qui flattoit voſtre amour d'vne haute eſperance:
Mais vous n'eſtes pas ſeule à plaindre des mal-
    heurs,
Et chaque coup ma ſœur a ſes propres douleurs,
Enfin la foy m'engage, & vous deuez me plaire.

CLITIE.

Bajazet n'oſeroit s'oppoſer à ſon frere.

ALCIANE.

Mais ſon frere pourtant s'accorde à ſon amour.

CLITIE.

Que de confuſion vous allez mettre au iour,
Madame penſez mieux à cette erreur extréme,
Ne deſobligés plus vn Prince qui vous aime:
Mais n'imaginez point que mon reſentiment
Procede du reg et de perdre mon Amant,
L'intereſ de l'eſtat eſt le ſeul qui me touche,
Et qui met à preſent tant d'audace en ma bouche.
  Quoy nos morts ne ſont pas encor dãs les tõbeaux,
Et vous donnés matiere à de combats nouueaux:
A peine on ſçait la paix dans toute noſtre terre,
Et vous faictes deſſain d'y rallumer la guerre:
Car ne vous flatez point d'vn vain conſentement,
Le Prince a tout promis en qualité d'Amant,

Mais perdant son amour auecque l'esperance,
Ce grand ressentiment vaincra sa complaisance:
Il y va de la gloire, il yra iusques au bout
A quiconque peut tout on doit accorder tout.

ALCIANE.

Vous estes trop suspecte & trop interessee
Pour pouuoir sainement dire vostre pensée,
Ma sœur n'en parlons plus, le sort en est ietté.

CLITIE.

Ces reproches, Madame, ont trop de cruauté.

ALCIANE.

Vos menaces, ma sœur, en ont bien dauantage.

CLITIE.

C'est pour vostre interest que ie tiens ce langage

ALCIANE en s'en allant dit.

Bajazet vient icy, traitez le doucement.

CLITIE se retirant d'vn autre costé dit.

Ah! il ne veux point voir cest infidelle Amant.

SCENE VI.

BAIAZET, PALLANTE.

C'Est le plus seur Pallante, ouy va trouuer
  Cleone,
Dis luy qu'on me promet la Reine & sa couronne
Que tout m'est fauorable, & qu'en c'est heureux
  iour
La nature conspire auecque mon amour :
Qu'Oroondate enfin consent à ma poursuitte,
Ie laisse le surplus à tá sage conduite :
Mais sur tout garde toy de luy faire sçauoir,
Que ce soit de ma part que tu t'en vas la voir.
  Quand tu luy feras part de cette confidance,
Prens garde à ses discours, & voy sa contenance,
Si tu peux l'obliger à parler franchement,
Tu verras que i'ay droit d'agir ouuertement,
Elle est dans le iardin auecque la Princesse,
Va ie te recommande, & le soin & l'adresse.

SCENE VII.
THIAMIS.

IE vous cherchois Seigneur.

BAIAZET.

Ie te cherchois aussi.

THIAMIS.

Mais ie ne pensois pas de vous trouuer icy,
Quoy seul?

BAIAZET.

Ne sçais tu pas qu'en leur inquietude
Les mal heureux Amans cherchent la solitude?

THIAMIS.

Quoy vous estes Amant, on me l'auoit bien dict,
Mais chez moy ce rapport n'a point eu de credit,
Ie sçay trop quel amour la gloire vous inspire,
Ie croy que vous bruslés, mais c'est pour vn empire.

BAIAZET.

BAIAZET.

En effect, cher amy, tu lis dedans mon cœur,
Vn trofne eft auiourd'huy l'obiect de mon ardeur,
Et pour le faire voir à quel point ie l'eftime,
Sçache qu'à fon fubiect ie vay commettre vn crime,
Quitter vne beauté dont i'aime les apas,
Pour efpoufer fa fœur que ie ne cognois pas:
Il eft vray qu'elle m'aime, & qu'elle eft adorable,
Mais celle que ie perds me paroift plus aymable,
Ie la quitte pourtant en faueur d'vn eftat,
Preferant au plaifir & la pompe & l'efclat.

THIAMIS.

Ainfi deuoit agir ce courage heroyque,
Qui fe fit admirer fur la mer Adlantique,
Quand il força Menandre à perdre en mefme iour
La bataille, & la gloire & la vie & l'amour.
Ouy vous deués regner, & pour vne couronne
Negliger les confeils que voftre amour vous donne,
L'honneur de commander n'eft pas trop acheté
Par la honte de faire vne infidelité.

BAIAZET.

Confeffe toutefois que dans cette contrainte
Vn honnefte homme fouffre vne fenfible atteinte,

Et que pour le deſſain de commander à tous,
Nous quittons le pouuoir de diſpoſer de nous
Qu'vne grande naiſſance a de loix rigoureuſes,
Qu'elle donne de peine aux ames genereuſes,
Et qu'il eſt mal aiſé dans ma condition
De ſuiure le deuoir & l'inclination.

THIAMIS.

Si dans mon ſentiment i'ay peu iuger du voſtre
Vous voudriez bien pouuoir contenter l'vn & l'au-
     tre,
Mettre d'accord voſtre ame, & genereuſement
Satisfaire aux deſirs & de Prince & d'Amant.

BAIAZET.

Helas ! ie le voudrois, mais il eſt impoſſible.

THIAMIS.

C'eſt vn effect pourtant que ie tiens infallible,
Pourueu que Bajazet veuille faire aujourd'huy
Vne belle action, & qui depend de luy.

BAIAZET.

Quoy ie puis paruenir à ce comble de ioye?
THIAMIS.
Ouy, ouy vous le pouuez, & par la belle voye,

N'aimez vous pas Clitie?

BAIAZET.

Helas! plus que mes yeux.

THIAMIS.

Et le throne & le sceptre.

BAIAZET.

Ah! ce sont là mes dieux.

THIAMIS.

Ainsi vous souhaictés vn empire, & Clitie?

BAIAZET.

Ouy, mais ie ne sçaurois reüßir qu'en partie.

THIAMIS.

Vous pouuez tout auoir dans cette occasion,
Et couronner l'amour auec l'ambition.

BAIAZET.

Expliquez vous de grace, & tirez moy de peine.

THIAMIS.

Pour gaigner vn Royaume il faut ceder la Reine.

BAIAZET.

La Reine!   L iij

THIAMIS.

En la cedant vous pouuez acquerir
Le thrône de Maroc que ie viens vous offrir :
Vn frere vous le donne, & c'est vn auantage
D'accepter hautement ce glorieux partage,
Puis que cette action satisfaict pleinement
Tant les desirs d'vn Roy, d'vn frere & d'vn
Amant.

BAIAZET.

Thiamis ton discours me confond & m'estonne
Que ie cede la Reine.

THIAMIS.

Ouy pour vne Couronne.

BAIAZET.

Mais par quel interest mon frere est-il pousé
De vouloir que ie quitte vn dessain commencé
A qui destine-t'il cette Illustre maistresse?

THIAMIS.

A luy mesme.

BAIAZET.

Mon frere aime donc la Princesse.

THIAMIS.

Dictes plus qu'il l'adore & que sa passion
S'augmente tous les iours par sa discretion:
Quoy ce discours vous donne vn desplaisir sensible?

BAIAZET.

Non, mais il me surprend autant qu'il est possible,
Et si ie l'apprenois d'vn autre que de toy,
Ie le reietterois comme indigne de foy:
Ainsi donc la nature à soy mesme contraire,
Peut confondre les noms de riual & de frere,
Ainsi tousiours ses vœux ne sont pas innocens,
Ainsi souuent ses droicts deuiennent impuissans:
I'auray donc recerché ce qu'ayme Oroondate,
Sans vn secret remords de ma poursuite ingrate,
Et mon cœur sans contrainte aura poussé de vœux
Qui ruinoient l'espoir de mon frere amoureux,
Si ton rapport est vray, i'en fay l'experience,
Mais ie veux desormais en faire penitence,
Et si pour expier cette indiscrette erreur,
C'est peu que d'en auoir vne eternelle horreur,

L iij

Ie conſens que mon frere en ſoit jugé luy meſme,
Et me donne vn ſuplice au lieu d'vn diademe.

THIAMIS.

Dieux ! que ie ſuis rauy des diſcours que i'entens.

BAIAZET.

Allons donc, Thiamis, & profitons du temps,
Oroondate eſt Prince, il eſt iuſte qu'on cede,
Il eſt Amant & frere, il eſt iuſte qu'on l'aide;
Allons, allons le voir, mais pour luy témoigner,
Que ie cerche a luy plaire, & non pas à regner.

SCENE VIII.

ALCIANE, CLEONE.

ALCIANE.

Q Voy c'eſt à Baiazet que ie ſuis deſtinée
Dont on me contraindra dedans mon hyme-
nee,
Qui te l'a dict?

CLEONE.

Pallante.

ALCIANE.

Ah sort trop rigoureux!

Ah lâche procedé contre des mal-heureux !
Quoy donc Oroondate aime si peu la gloire,
Il respecte si peu mon pere & sa memoire,
Il fait si peu de cas des parolles d'vn Roy,
Qu'il veuille m'empescher de disposer de moy:
Que sa valeur cogneuë aux deux bouts de la terre,
Ait esteint parmy nous le flambeau de la guerre,
Que son bras glorieux ait puny des mutins
Rauy les estrangers, fait trembler les voisins,
Qu'il m'ait enfin sauué la couronne & la vie,
Il n'a rien fait pour moy s'il me tient asseruie,
S'il pretend me rauir la liberté du cœur
Ie ne le cognoy plus pour mon liberateur,
Moy ie seray contrainéte, & mon sexe & mon
*   aage,*
N'auront pas le pouuoir d'empescher cest outrage,
Ma naissance & mon rang n'y pourront rien gai-
*   gner*
Et ie seray subiecte ou i'ay droit de regner,
Dieux garands de la foy que mon vainqueur viole,
Ie vous somme au iourd'huy de me tenir parolle,
Moy perdre la franchise, ah ne le souffrons pas !
I'ayme bien mieux me perdre, & perdre mes estats.

Quoy n'ay-ie point icy quelque subiect fidelle
Qui dedans ce mal-heur me tesmoigne son zelle;
Allons, allons le voir.

CLEONE.

Ah Madame arrestés!
Et considerés mieux où vous vous emportés,
Nous voulés vous tous perdre?

ALCIANE.

Helas chere Cleone,
Ie voudrois me sauuer, & ne perdre personne,
Mais craignant de perir ne m'est il pas permis
D'employer les subiects que le Ciel m'a commis,
Ah laissez moy.

CLEONE.

Madame encore vn mot de grace.

ALCIANE.

Laisse moy, mais enfin que veux-tu que ie fasse?

CLEONE.

Moderés vos transports.

ALCIANE.

Modere mon mal-heur.

CLEONE.

CLEONE.

Escoutez la raison.

ALCIANE.

Ah! i'ay trop de douleur.

CLEONE.

Auant que recourir à ce remede extréme
Qui perdroit vos subiets & vostre Diademe,
Employés la douceur, voyez le Prince.

ALCIANE.

Helas !
Voir vn Prince aueuglé qui ne me verra pas,

CLEONE.

Vous le deuez, Madame, & croire que vos plain-
tes
Donneront à son cœur de sensibles atteintes,
Il n'est point de dessain pris pour vous offencer
Qu'vn seul de vos souspirs ne puisse renuerser.

ALCIANE.

Et bien voyons le donc, mais si son cœur s'obstine
Au succés d'vn complot conceu pour ma ruine,

M

S'il rompt tous nos traictés, s'il viole ſa foy,
S'il n'a plus de reſpect ny pour luy ny pour moy,
Cherchons à nous guerir par vn autre remede,
Intereſſons mon peuple, & reclamons ſon aide,
Hazardons ſceptre & vie, & cette extremité,
Et perdons tout pluſtoſt que noſtre liberté.

Fin du quatrieſme Acte.

ACTE V.

SCENE PREMIERE.

OROONDATE, BAIAZET, THIAMIS.

OROONDATE.

CHer frere, mon destin a bien changé de
face,
Rien ne peut desormais empescher ma
disgrace,
Alciane elle mesme en a signé l'arrest,
Et ie le dois souffrir tout iniuste qu'il est.
En vain pour destourner ce mal ineuitable,
Vous voulez me ceder vn bien inestimable,
Il faut que mon amour, & vostre charité
Demeurent sans effet prés de cette beauté,
Reprenés ce portrait, & soyez luy fidelle.

BAIAZET.

Ne me commandez point de paroistre aupres d'elle,

I'ay failly la voyant , mais ie veux deformais
Reparer cette faute , & ne la voir iamais :
Quoy ie vous ay choqué.

ODOONDATE.

N'en parlons plus mon frere.

BAIAZET.

Ce souuenir m'émeut , ie ne sçaurois m'en taire:
Mais confeßés außi qu'en cét euenement,
Vous m'aués confirmé dans mon aueuglement.
Lors que l'embition me promit sa conqueste,
Que i'enflamay mon cœur pour couronner ma teste,
I'osay vous demander auecque liberté,
Si vous auiez deßein d'aimer cette beauté,
Mais loing de me monstrer les secrets de voftre ame
Vous employaftes tout pour cacher voftre flame,
Sermens, raifons d'Eftat, apparance, credit,
Et i'ay deu croire enfin ce que vous m'auez dit,

OROONDATE.

Ouy vous n'auez rien fait que vous n'ayez deu fai-
re,
Mais traitons en amis de l'intereft d'vn frere,
Quand vous fiftes deßain de fçauoir fi mon cœur
Souffroit pour Alciane vne amoureufe ardeur.

N'auiez vous point iugé par quelque intelligence,
Que cette affection auoit de l'apparence?

BAIAZET.

Sans doute.

OROONDATE.

Il falloit donc s'esloigner de ses yeux,
Et ne pas desirer de s'en esclaircir mieux:
L'amy doit reuerer comme vn sacré mistere,
Le secret qu'il cognoit que son ami veut taire,
Lors n'estant point encar engagé fortement,
Il peut par ce soupçon se deffaire aisement.

BAIAZET.

Ie n'ay iamais pensé que vous ayez deu feindre
De parler d'vn dessein dont nul ne peut se plain-
dre.
D'vn amour raisonnable obligeant souhaitté
Qui de tout vn estat fait la felicité.
Ainsi i'ay deu vous croire alors qu'en confidence
Vous m'auez asseuré de vostre indifferance.
Quoy ie croiray plustost vn fantosme trompeur
Qu'vn amy veritable à qui i'ouure mon cœur.
Ah! si la bonne foy du commerce est bannie
La plus sainte amitié deuiendra tirannie.

OROONDATE.

Il est bien mal aisé que l'esprit d'vn Amant
Dedans ses interests iuge bien sainement:
Ouy cher frere, i'eus tort de vous cacher ma flame
I'en ay la honte au front, & le regret dans l'ame.
Mais Dieux que dois-ie faire en cette extremité?

BAIAZET.

Il faut, il faut vser de vostre authorité,
Assembler le conseil, & demander la Reine,
Apres pour le succez n'en soyez point en peine,
C'est le commun souhait de tous les gens de bien,
Et si quelqu'vn resiste on le rangera bien.

OROONDATE.

Mais mon serment m'oblige à ne la pas contrain-
dre.

BAIAZET.

Ouy, si de cét Hymen elle pouuoit se plaindre.

OROONDATE.

Suffit qu'il contraindroit son inclination.

BAIAZET.

Les Rois ne doiuent pas suiure leur passion.

OROONDATE.

Et par là mon amour deuient illegitime.

BAIAZET.

Mais par là ses dedains passent iusques au crime,
Dans le rang qu'elle tient c'est faire vn attentat,
Que de penser a soy sans penser a l'estat.

OROONDATE.

Que son aduersion soit iuste ou criminelle,
Et la terre & le Ciel deffendent sa querelle,
I'ay promis, i'ay iuré, ie doy garder ma foy.

BAIAZET.

Vn iniuste serment n'oblige pas vn Roy.

OROONDATE.

La parolle des Rois doit estre inuiolable.

BAIAZET.

On peut s'en dispenser quand elle est dommagea-
ble,
Opposant par vn droict qui n'est donné qu'aux
Rois
Les raisons de l'estat à ces communes loix,

OROONDATE.

Fieres raisons d'estat , inhumaines maximes
Que vos noms specieux nous font faire de crimes,
Et qu'vn esprit bien fait endure des combats,
Quand il veut conseruer ce qui ne vous plaist pas.

SCENE II.

ALCIANE & CLEONE entrent.

OROONDATE.

Voicy la Reine , helas ! elle vient toute en lar-
    mes ,
Dieux , que contre vn Amant ce sont de fortes ar-
    mes !

BAIAZET en se retirant dit.

Ie ne veux point la voir.

OROONDATE , Voyant que la Reine se va ietter à ses pieds.

Madame leuez vous ,
C'est moy qui dois plustost paroistre à vos genoux.

ALCIANE.

ALCIANE.

Seigneur est il donc vray que ie sois destinee
A voir blesser la foy qu'vn Prince m'a donnee ?
Dois-ie croire le bruit qu'on respand dans ma cour
Contre la liberté du chois de mon amour ?
Grand Prince est il donc vray qu'on veuille me con-
    traindre ?

OROONDATE

Ah! Madame est il vray que vous puissiez le craindre ?
ALCIANE.

Quand ie vous considere en qualité de Roy,
Mon esprit ne conçoit que clemence & que foy,
Ce nom auguste & saint retient presque ma plain-
    te,
Arreste mes souspirs & dissipe ma crainte,
Mesme lors que ie pense à la protection
Dont ie suis redeuable à vostre affection,
A tant d'occasions où vous m'aués seruie,
Et tant de fois pour moy hazardé vostre vie,
Ie dis en condamnant ces bruits iniurieux,
Oroondate est Prince & respecte les Dieux.

N

Mais lors que mon esprit se reflechit en suite,
Et sur vostre victoire & sur vostre poursuite,
Ie ne puis repousser cét autre mouuement,
Il est Prince, il est vray, mais vainqueur, mais
　　Amant,
Et ces deux qualités n'ont que trop de puissance
Pour changer en fureur la plus grande clemence,
Pour renuerser tout ordre, & d'vn liberateur
Sans nul empeschement faire vn persecuteur,
Ainsi presque reduite à croire toute chose
I'apprehende l'effect quand ie pense à la cause,
Et mon cœur accablé d'ennuis & de soucy
Me dit que pouuant tout vous voudrez tout aussi.
C'est de cette frayeur que ie sentois l'atteinte,
Lors que i'ay commencé de vous faire ma plainte,
Mais ie ne sçay quel charme à mes sens enchantés
Depuis que ie vous parle, & que vous m'escoutés,
Loin de craindre les maux dont ie suis menacée,
Vn espoir de bon-heur reluit dans ma pensée,
Et sans considerer en mon liberateur,
La qualité d'Amant, ou celle de vainqueur,
I'arreste mon esprit sur la seule naissance,
Et dis puis qu'il est Roy ie suis en assurance.

OROONDATE.

Ouy, vous l'estes, Madame, & i'esliray la mort
Plustost que vous oster le choix de vostre sort,

Ie l'ay promis aux Dieux ie leur tiendray parolle,
Et mes sermens seront plus fermes que le Pole,
Bajazet m'a cedé le bien qu'il pretendoit,
Mais Madame pourtãt, ie sçay ce qu'on vous doit,
Quoy que i'aye accordé de grandes recompences,
Vne Prouince entiere & de thresors immences
Pour pouuoir obtenir de mon frere amoureux
Qu'il quittat sa poursuite en faueur de mes feux,
N'en imaginés rien à vostre preiudice,
Rien qui choque vos vœux, ou blesse ma iustice,
l'ayme mieux perdre tout que vous manquer de
    foy,
Et vostre volonté sera tousiours ma loy.

ALCIANE.

Ie n'attendois pas moins d'vn Prince magnänime
Qui veut dans l'auenir signaler son estime:
Mais voulez vous encor doublement m'obliger?
Deffaites vous d'vn bien qui vous couste si cher,
Pour rendre tout à fait le repos à mon ame,
Rendez à Bajazet le subiect de sa flamme,
Et par vostre puissance, & par vostre equité
Empeschez le de faire vne infidelité.

OROONDATE.

Que ie rende à mon frere vn obiect que i'adore,
Et que vostre desir m'en solicite encore.

Ah! de tous vos arrests le plus rude à subir.

Ah! de tous mes malheurs le plus rude à souffrir,

Mais si c'est là mon sort, s'il faut que i'obeisse,

De grace moderez l'excez de mon supplice,

Et souffrez qu'en perdant vn bien si precieux,

Oroon-
date ti-
re le
por-
trait
d'Al-
ciane *De son pourtrait au moins ie console mes yeux.*

Iustes Dieux, se peut-il que tant d'aimables char-
    mes

Soient comme de mes feux le subiect de mes larmes,

Et que le mesme obiet qui cause mes desirs

Condamne mon espoir, & choque mes plaisirs.

ALCIANE.

Verray-ie ce portrait ?

OROONDATE.

                  Il est inimitable,

Mais son original n'a rien de comparable.

ALCIANE se tournant vers sa fille.

Cleone c'est le mien ; par ce portrait Seigneur

L'on pourroit découurir qui regne dans mon cœur,

Mais non pas la beauté qui captiue vostre ame.

OROONDATE.

Quoy vous doutez encor du suiet de ma flame?

Dont cette chere sœur qui vous parla pour moy
Ne vous assura pas de l'ardeur de ma foy:
Si vous n'estes l'obiet de toutes mes pensées,
Si toutes mes amours ne vous sont adressees,
Et si depuis le temps que ie suis en ces lieux
I'ay fait d'autre dessain que d'adorer vos yeux,
Ne puisse-ie iamais voir ma foy Couronnee,
Ne puisse estre iamais ma peine terminée.
Alciane elle seule a fait naistre mes feux,
Alciane elle seule excite tous mes vœux,
Ne croyez pas pourtant que par cette assurance
Ie veuille de mon frere esbranler l'esperance.
Non, non si vous l'aymés il sera vostre espoux,
En vn mot vostre sort ne depend que de vous.

ALCIANE.

Ainsi vostre equité me deffend de plus craindre,
Que dans mon hymenee on veuille me contraindre,
Ainsi vostre bonté me permet d'esperer
Le plus grand des bon-heurs où ie puisse aspirer,
O Prince genereux! ô mon Dieu tutelaire!
Pour de si grand bien-fait est-il quelque salaire?
Mais si par vos discours i'ay l'esprit esclaircy,
Pourray-ie par les miens vous esclaircir aussi?
Et sans que la pudeur en soit vn peu blessee,
Ma bouche osera-t'elle exprimer ma pensee?

N iiij

Si i'ayme Bajazet : ah ! i'ay trop peu de cœur
Pour decouurir ma chaine, & nommer mon vain-
　　queur,
Excusés ma foiblesse, & souffrez ie vous prie
Qu'auant que de parler ie consulte Clitie,
Ou pour me garantir de la confusion,
Que me feroit souffrir cette confußion,
Preuenés-la de grace, & dans cette peinture
Cherchés quel est l'obiet des peines que i'endure,

Elle se retire.

SCENE III.

OROONDATE, THIAMIS.

ET bien cher Thiamis, quel sera nostre sort,
Que deuons nous attendre ou la vie, ou la
mort ?

THIAMIS.

Et la vie & l'amour.

OROONDATE.

Mais sur quelle apparance ?

THIAMIS.

Si ie puis me flatter de quelque experience,
Et si depuis le temps que ie vis à la cour
I'ay formé mon esprit aux intriques d'amour :
Mesme si i'ay bien pris les choses que Cleone
M'a dittes d'Alciane & de vostre personne,
Mon premier sentiment fut le meilleur de tous,
Baiazet n'est aymé que pour l'amour de vous.

OROONDATE.

Pourquoy donc me porter cette derniere plainte ?

THIAMIS.

Ie croy que vos desirs n'ont pas causé sa crainte,
Mais qu'ayant sçeu l'amour du Prince Bajazet,
Elle auoit fait dessein d'en empescher l'effet .

OROONDATE.

Pourquoy ne pas respondre à ce que ie souhaite ?
THIAMIS.
Elle n'a iamais sçeu vostre flame secrette,
Vous l'aués recogneu par ses derniers discours.

OROONDATE.

Mais pourtant mon amours a paru tous les jours,

Clitie en a parlé, i'en ay parlé moy mesme.

THIAMIS.

Si dans cette peinture on peut voir ce qu'elle ayme,
Cessons de disputer, & voyons cét Amant.

OROONDATE regardant le pourtrait.

Ie vois sur un miroir son portrait seulement,
Et quelques mots confus.

THIAMIS.

Quoy, rien que son image?

OROONDATE.

Le reste du miroir me monstre mon visage,
Mais ce n'est seulement que par reflection.

THIAMIS.

Ah! voila cét Amant, ô rare inuention!

OROONDATE.

Ie ne me flatte point d'vne si grande ioye.

THIAMIS en prenant le pourtrait.

Ah! de grace Seigneur, souffrés que ie le voye.

OROON-

OROONDATE, *regardant le pourtrait auec Thiamis.*

Si l'on doit approuuer son explication,
Thiamis est l'obiet de son affection,
Tu te vois dans la glace où i'ay veu mon image.

THIAMIS.

Il est vray.

OROONDATE.

Disons donc qu'elle ayme son visage,
Que les rares apas qu'elle y voit chaque iour
Sont comme de mes feux l'obiet de son amour,
Ainsi nous trouuerons dedans cette peinture
L'adorable subiet des peines qu'elle endure.

THIAMIS.

Si la Reine n'aimoit que ses propres apas,
Pourquoy souffriroit elle ?

OROONDATE.

Ah ! tu ne l'entens pas,
En effect ses beautés trauersent sa fortune,
Qui font que ie l'adore, & que ie l'importune.

THIAMIS.

Ce n'eſt pas ſa penſee, & difficilement
Pourrons nous deſcouurir quels ſont ſes ſentimens:
Toutesfois en voyant dedans cette peinture
Quelques traits confondus auec de l'eſcriture,
De lettres ſans rapport, de mots qu'on ne lit point.
Ie penſe tout à coup auoir trouué le point.
Il faut voir ce portrait dans un miroir ſpherique,
Ie croy que c'eſt icy quelque ſecret d'Optique.
I'en ay veu des effects qui ſurpaſſent les ſens,
Dans un meſme portrait trois portraits differans,
Douze diuers portraits qui ne font qu'un viſage,
Vn miroir qui renuerſe, & qui change l'Image,
Vn Cilinde qui rend des viſages parfaits,
Receuant ſeulement quelques bizares traits,
Et ce que la peinture a de plus remarquable
Sont les moindres effects de cét art admirable.

OROONDATE.

Mais prenons garde auſſi que ton inuention
N'augmente ma miſere & ma confuſion:
Ie crains qu'en découurant cét amoureux myſtere
Tu me vas faire voir le pourtraict de mon pere:
Quelqu'un entre, ſortons.

THIAMIS.

Vous verrez en ce iour
Que iay quelque lumiere aux secrets de l'amour.

SCENE IV.

ALCIANE, CLITIE.

CLITIE.

QVoy Madame, est il vray que vous m'ayez peu croire
Capable de commettre vne action si noire,
Que i'aye eu des desseins contraires à vos vœux
Que i'aye aymé le Roy, moy qui sçauois vos feux;
Moy qui vous ay parlé de son amour discrete,
Moy qu'il auoit prié d'en estre l'interprete?
Quoy i'aurois peu trahir estant de sang Royal,
Pardonnés moy Madame, ah vous me traités
mal.

ALCIANE.

Ouy ma sœur i'ay failly dedans cette pensée,
Et vous auez raison de paroistre offencee,

O ij

Mais sçachant le suiet qui cause mon erreur
Vostre courroux sans doute aura moins de rigueur.
Ie vous ay desia dit que i'adore le Prince
Depuis qu'il a paru dedans nostre Prouince,
Et que ma modestie & ma condition
M'ont contraint de cacher mon inclination.
Quand vous m'auez parlé de faire vne alliance
Qui rendroit à l'Estat son entiere assurance,
Il sortoit de me dire auec beaucoup d'ardeur
Que vous estiez l'obiet qui plaisoit à son cœur,
Quel sentoit vous voyant cette douceur secrete,
Qui produit vne amour violente & discrete,
Que pouuois-ie penser de tout vostre entretien
Ie iugeay qu'il estoit vne suitte du sien,
Et sans considerer que la seule esperance,
De ce que ie craignois ie formay ma creance,
Et vostre modestie ou plustost mon mal-heur
A ce mal entendu donne de la couleur:
Car dans tout ce discours que ie me represente
Vous n'auez point trouué ny l'Amant ny l'Aman-
  te,

CLITIE.

Il est vray.

ALCIANE.

Mais enfin que feray-ie ma sœur?
CLITIE.

En faueur de l'Estat abaissés vostre cœur,

Et puis que Oroondate a découuert sa flamme
Ne vous obstinés plus à luy cacher vostre ame,
Soyés moins scrupuleuse, & si vous ne voulez,
Le mettre au desespoir puis qu'il parle, parlés.

ALCIANE.

Ma sœur ie n'oserois.

CLITIE.

Escriués.

ALCIANE.

                    Doi-ie escrire ?
Ma honte, mon amour, ce que ie ne puis dire.
Helas ! à quelque point que soit ma passion,
Pourray-ie relascher de ma discretion,
Si i'ay tousiours suiuy les ordres qu'elle donne,
Faudra-t'il à present que ie les abandonne ?
Que diroit mon honneur, que diroit ma vertu
Si ie me laissoy vaincre ayant tant combattu ?
Non non quelque conseil que mon amour m'inspire
Ie ne sçaurois parler, ie ne sçaurois escrire.

CLITIE.

Mais que ferez vous donc en faueur d'vn Amant,
Si vous luy refusés ce discours seulement,

ALCIANE.

I'ay desia fait beaucoup d'auoir dit à luy mesme
Que dedans mon portraict il verroit ce que i'aime.

CLITIE.

Faites encore plus pour vostre affection,
Et faites luy sçauoir par quelle intention
Il pourra découurir ce secret de peinture
Qui change vostre Image en vne autre figure,

ALCIANE.

C'estoit là ma pensee, & quoy que son effect
Ne donne à mon esprit qu'vn repos imparfait,
Quoy que ma modestie y trouue encore à dire
Il le faut accorder à mon cœur qui soupire:
Mais pour y reüssir sans ma confusion
Cleone aura le soin de l'execution.
Adieu pour vn moment, Ah! faut-il que ie
      tremble?
Amour, discretion accordés vous ensemble.

SCENE V.

CLITIE, DIANE.

CLITIE.

Dieux ! que les paſſions ont ſur nous de pou-
  uoir,
Plus on les veut cacher, plus elles ſe font voir,
Auſſi bien que ma ſœur i'en fais l'experience,
Elle bruſle d'amour, ie bruſle de vangeance,
Que ie hay Bajazet, & que ſon changement
Cauſe dans mon eſprit vn vif reſſentiment,
Le volage, l'ingrat.

DIANE.

Traittez le mieux, Madame,
Puis qu'il ne penſe plus que rallumer ſa flame.

CLITIE.

Ah non non, c'en eſt fait.

DIANE.

Madame eſcoutez moy.

CLITIE.

Ie puis manquer d'amour à qui manque de foy

Ouy puis que cét ingrat me prefere la Reine,
Il n'aura plus de moy que de marques de haine,
Tu fais que pour respondre à son affection,
Il me falut forcer mon inclination,
Luy donner des apas pour surprendre mon ame,
Et feindre en son esprit les causes de ma flame
Iusqu'à me voir reduite à cette extremité,
De n'aymer rien de luy qui ne fut emprunté.

   Cependant cest ingrat enflé d'une victoire
Où le nom de son frere a soustenu sa gloire
Ne me regarde plus que d'un œil de mespris,
Et veut que de sa fraude un trône soit le prix.

DIANE.

Mais il reuient enfin, & confesse son crime.

CLITIE.

Son retour rend ma haine encor plus legitime,
Quoy ce presomptueux osera donc penser
Qu'auec impunité on me peut offencer;
Que ie le souffriray dans cette erreur extréme,
Et que s'il se repent, il faudra que ie l'aime:
Ah! son audace icy va iusqu'au dernier point.

SCENE

SCENE VI.

BAIAZET entrant tout à coup.

OVy Madame, il est vray, ie ne m'excuse
point,
Mais souffrez.

CLITIE.

Laissez moy.

BAIAZET.
　　　Deux mots en ma deffence
Apres si i'ay failly punissés mon offence,
Ie sçay que vostre esprit iustement irrité
M'accusera d'abord d'vne infidelité:
Mais ie ne pense point qu'estant si raisonnable,
Vous puissiez sans m'ouïr me declarer coupable.

CLITIE.

Ie vous accuseray moy.
BAIAZET.
　　　C'estoit là ma peur.
CLITIE.
Ah! i'ay trop peu d'amour auecque trop de cœur,

P

Non voftre changement m'a paru legitime,
Et pour vous faire voir à quel poinct ie l'eftime,
Loing de vous en blafmer, loing de vous irriter,
Dedans cette action ie veux vous imiter.

BAIAZET.

Et biẽ puis qu'il vous plaift efcoutez la vengeance,
Et par vn changement imitez mon offence:
Ie ne fay point d'effort pour vous en diuertir,
Mais au moins imités auffi mon repentir.

CLITIE.

Imite feulement ce qui m'eft agreable.

BAIAZET.

Fuyés vn changement qui n'eft pas raifonnable,
Ou plutoft voyez mieux dedans mes actions
Pour iuger fainement de mes intentions,
Ie ne m'excufe point auecque cette audace,
Qui femble reietter les effets de la grace.
Ie confeffe d'abord que ie fuis criminel,
Que pour l'eftre il fuffit que vous m'ayez creu tel:
Ainfi ie n'ay formé cette plainte equitable
Que pour vous faire voir que ie fuis pardonnable,
Ie ne celeray point que depuis mon retour,
Croyant que voftre fœur euft pour moy de l'amour,

Et que ie luy deuois quelque reconnoiſſance,
I'auois pour ſes deſirs beaucoup de complaiſance,
Que i'ay meſme ſouuent à ſon occaſion
Negligé les conſeils de noſtre affection:
Mais qui ne ſçait auſſi qu'vn ordre tyrannique
A fait paſſer en loy cette iniuſte pratique,
Qui donne aux eſtrangers les ſoins les plus preſſans,
Et ne laiſſe aux amis que les plus languiſſans:
    Mais comme cette loy n'agiſt qu'en la ſurface,
Elle laiſſe au dedans chaque choſe en ſa place,
Si bien qu'en quelque eſtat que fut l'exterieur,
Touſiours voſtre beauté regnoit dedans mon cœur.

CLITIE.

Ie deuois donc aymer le Prince voſtre frere,
Qui prenoit tous les iours tant de ſoin de me plaire.

BAIAZET.

Vous ſçauiez que la Reine eſtoit tout mon ſoucy.

CLITIE.

Mais ne ſçauiez point qu'elle l'aimoit auſſi?

BAIAZET.

La Reine aime mon frere

CLITIE.

                         En doutés vous encore?

BAIAZET.

Ne vous moquez vous point?

CLITIE.

Non non elle l'adore,
Et conserue tousiours son amitié pour vous.

BAIAZET.

Qu'il la possede donc ie n'en suis point ialoux,
Mais ie meurs de regret apres cette nouuelle
D'estre hai de vous lors qu'il est aymé d'elle.

SCENE VII.
CLITIE.

Les voicy.

OROONDATE l'amenant Alciane & regardant
son pourtrait.

Quoy Madame, ay-ie donc ce bon-heur,
Ainsi qu'en vos estats ie regne en vostre cœur,
Et vous y consentés?

ALCIANE.

Puis que i'ay peu l'escrire
Seigneur espargnez moy la honte de le dire.

OROONDATE.

Ah! mon frere il est temps de songer aux plaisirs

BAIAZET.

Mais Clitie s'oppose à mes iustes desirs,
Cette fiere beauté ne me veut point entendre.

ALCIANE.

Ah! c'est trop resister ma sœur il faut se rendres.

OROONDATE.

Faites qu'vn mesme iour nous rende tous contens.

BAIAZET.

Ie demande pardon.

CLITIE.

Esperez tout du temps,
Et sçachez qu'à present ie suis trop en colere
Pour songer seulement à ce que ie dois faire.

BAIAZET.

Et bien ie m'y resous.

OROONDATE.

Qu'vn bon-heur a d'appas,
Qui se donne au desir quand on ne l'attend pas.

ALCIANE.

Que ce mal entendu nous a causé de peine,

THIAMIS.

Que la discretion est ridicule & vaine.

OROONDATE.

Tu vois pourtant amy la fin de nos trauaux,

THIAMIS.

Ne vailloit il pas mieux preuenir tous ces maux,
Et plustost qu'employer les secrets de l'Optique,
Des discours ambigus vn amour chimerique
De sanglots derobés, les souspirs d'vne sœur,
L'adresse d'vn amy, d'vn frere la douceur,
Et tout ce qu'a produit ces embaras extréme
Dire naiuement cet trois mots, ie vous ayme.

ALCIANE.

Thiamis a raison.

OROONDATE.

Ouy par l'euenement.

BAIAZET.

Que ie resens de ioye à cét heureux moment.

OROONDATE.

Ie gagne vne Maiſtreſſe, & vous vne couronne,
Ie vous l'auois promis, c'eſt fait, ie vous la donne,
Commandés dans Maroc, & que tout l'vniuers
Sçachant où vous regnés apprene qui ie ſers,
Mais aymez nous touſiours.

ALCIANE.

Oubliez ma foibleſſe.

BAIAZET.

Ah! Madame, c'eſt trop.

OROONDATE.

Allons le temps nous preſſe,
Aſſemblons le Conſeil, & faiſons en ce jour
Reſentir les ſainct noms & d'Hymen & d'amour,
Monſtrons à nos ſubiets par vn exemple auguſte,
Que de iuſtes moyens ſuiuent vn deſſein iuſte,
Et que la deffiance & la diſcretion
Doiuent regler le cours de leur affection.

FIN.